Paul Lichtenberg

Mein Vater, der Held.

Eine Schattenreise

© 2020 Paul Lichtenberg

Autor: Paul Lichtenberg

Umschlaggestaltung, Illustration: Paul Lichtenberg

Fotos und Bilder: Urheber und Rechteinhaber Paul Lichtenberg

Verlag & Druck: tredition GmbH, Halenreie 40-44, 22359 Hamburg

ISBN Taschenbuch: 978-3-347-12498-1

ISBN Hardcover: 978-3-347-124999-8

ISBN e-Book: 978-3-347-12500-1

Die Deutsche Nationalbibliothek verzeichnet diese Publikation in der Deutschen Nationalbibliografie; detaillierte bibliografische Daten sind im Internet über http://dnb.d-nb.de abrufbar.

Mit besonderem Dank an

Albrecht Ostertag

und

F.M. Müller

für Marcel

Inhalt

Prolog…..**8**

Vorspiel auf dem Theater

Das Ritterkreuz…..................................17

Spurensuche…......................................21

Mein Vater, der Held…...........................23

Gespräch vor dem Haus…........................34

Zeichnung „Gymnasiast"…......................37

Der Kriegsdienstverweigerer…..................38

In der Welt der Väter…...........................44

Wir brauchen Idealisten…........................63

Der erste Ritter…..................................79

Wahr-Traum …....................................97

Das Drama

IDEALE WIE STERNE

Der Priester..99

Der erste Lehrer.....................................118

Die Göttliche... 139

GÖTTERDÄMMERUNG

Zeichnung „Die Warnung"..........................153

Das Gericht..154

Im Abgrund... 163

Du bist zu idealistisch. 175

Die Geburt des „Helden."...........................188

Ohne Bedeutung.....................................212

Der Verrat...213

ANKOMMEN IM TAL

An der Seite der Anderen..........................230

Spirale des Lebens.................................241

Epilog..253

Anhänge

Alter Stein..255

Im Ofen...258

Ohne Speer..261

Parzivals Traum...................................268

Vater-Wunde... 277

Brief an meinen Sohn..............................279

Foto „Holzsäule Kloster"..........................283

Weiterführende Literatur..........................284

Foto „Übergänge".................................288

Der Träumer ist ein Visionär

Wenn andere nur Wolken erkennen, kann er bis zu den Sternen schauen. Ja, mehr noch: Weil sie so strahlen, glaubt er an ihre Erreichbarkeit. Doch es fällt ihm schwer, auf seinem Weg auch die Hindernisse zu sehen. Denn, während seine Mitmenschen in ihren kleinen Kreis gefangen sind, schaut er darüber hinaus und wähnt sich schon am Ziel. So stolpert er jäh über die Realität, wie sie nun mal ist. Und es scheint ihm, als sei sein Leben nur ein Weg voller Hindernisse. Bisweilen häufen sich diese so sehr an, dass der Schein der Sterne verblasst. Gerne wäre der Träumer dann ein verkannter Held. Jedoch die Ideale werden stumpf und je länger es so geht, desto mehr wird auch er auf seiner Reise von Einsamkeit und Dunkelheit umhüllt. Es dauert nicht lange und er strauchelt und fällt. Je öfter dies geschieht, desto mehr ist es für ihn, als geschehe eine Götterdämmerung: Das, was einst trug, wird trügerisch und ungewiss das Ziel. Aber gerade darin liegt der Neubeginn verborgen:

Was Traum war, will zu wahrem Leben erwachen

Prolog

Ein guter Freund erzählte mir einst, dass er an einem bestimmten Punkt seiner Therapie einen Box-Sack brauchte. Er ging mit seinem Therapeuten in den Wald, hing den Sack an einen starken Ast und schlug gezielt auf ihn ein. Immer wieder und wieder, bis ihm die Tränen kamen. Das Schwergewicht sollte für seinen verstorbenen Vater stehen, der Boxer gewesen war. Ein Leben lang hatte er unter dessen übermächtiger Autorität und Strenge gelitten.

Dass Söhne häufig im Schatten von Vätern leben, ist nicht neu. Besonders meine Generation war noch mit Vätern konfrontiert, die der Krieg zu unnachgiebiger Härte und traumatisierter Gefühlskälte geformt hatte. Schatten haben unterschiedliche Gestalten. Es kann auch der unerreichbare Erfolg des eigenen Vaters sein. Je größer das war, was diese Männer nach dem Krieg aufgebaut hatten, desto schwerer lag auf uns Jungen ihre Forderung, selbst „Leistung" zu zeigen. In den Jahrzehnten nach 1945 war das der Stil der Zeit. Und das war auch unsere Last. Es brauchte viele Jahre meines Lebens, um aus dem Schatten meines Vaters mit dem Entschluss herauszutreten, den Blick auf den eigenen Weg zu richten, um auf einmal innezuhalten und zu fragen: „Welche Bedeutung hat für mich eigentlich „Leistung"? Welchen

Sinn macht für mich persönlich Erfolg und Misserfolg? Verändert es etwas daran, ob ich mit meinem Leben zufrieden, vielleicht sogar glücklich sein kann?"

Doch zunächst waren die Leistungen meines Vaters für mich über weite Wegstrecken maßgebend. Sie waren keine beruflichen, sondern solche eines Soldaten, ja, mehr noch: Eines jungen Offiziers im zweiten Weltkrieg. Es war der Glanz eines ehemaligen Ritterkreuzträgers, der bis in meine Kindheit, etwa 30 Jahre nach Kriegsende, strahlte. Ohne Zweifel handelte es sich hierbei um den Ausfluss einer Kriegsgeneration, die sich vor dem Hintergrund ihrer Mitschuld am millionenfachen Holocaust auf einmal im „Wirtschaftswunder" befand. Und die jetzt wie keine andere von verklärenden Mythen lebte: Sei es der durch und durch anständige, tapfere deutsche Wehrmachtssoldat, verkörpert in dem Film „Des Teufels General" von Curd Jürgens oder Romy Schneider als die vollkommen unschuldige, arme Königin „Sissy", sodann die persische Königin „Soraya" als Deutschlands Recht auf eine eigene Monarchin….und, und, und. All das sollte wohl angesichts des kollektiven Gefühls von Schuld und Scham, Deutschland und den Deutschen wieder „Wert" und „Würde" verleihen. Aber wir wollen nicht richten. Ich denke, die allermeisten von uns möchten in ihrem Leben „Helden" sein. Das zeigt sich in der Regel an unseren Lebenserinnerungen: Wir neigen dazu, in unseren dramatischen Geschichten unsere eigene Vergangenheit in eine Erzählung mit mythischen Merkmalen zu verklären: Helden sind Halbgötter. Sie haben menschliche Eigenschaften. Doch das zählt nicht. Denn sie werden berufen, das eigene Land, welches unter die Herrschaft des Bösen geraten ist, vom Übel zu befreien. Unter dem Schutz der Götter brechen sie in das Abenteuer auf, um mit Übermächten und Ungeheuern zu ringen. Sie erleiden dabei Qualen und geraten an den Rand des Todes. Nach dem Abstieg in das Totenreich und bestandener Prüfung stehen sie wieder auf zu neuem Leben und vollenden ihren Auftrag zur Erlösung aller. Die Dramen der Mythen mögen, Traumbildern gleich, auch seelische „Wahrheiten" transportieren. Im Grunde tun wir dennoch nichts anderes, als was die Generationen vor uns auch schon taten. Wir erschaffen Mythen des eigenen Lebens. Unsere Worte mögen andere sein, der Geschmack aber bleibt am Ende der gleiche. Nicht nur deswegen ist mir das, was die tatsächliche Erzählung meines Vaters war, bis heute mehr als schleierhaft. Hatte er es wirklich genauso berichtet oder schon ausgeschmückt und manches einfach falsch erinnert? Immerhin lagen die Kriegsereignisse schon damals einige Jahrzehnte zurück. Ab und zu übertreiben Jugendliche manches gerne aus ihrer Emotionalität heraus. So war auch mein Hören als pubertierender Junge sicher selektiv und verändernd. Und, gibt es am Ende überhaupt eine „objektive" Erinnerung? Selbst die eigene Wahrnehmung scheint sofort subjektiv gefärbt und bruchstückhaft zu sein, die Erinnerung umso mehr. Sie erfährt im Laufe der Jahre zahlreiche Veränderungen, manchmal gar unwahrscheinliche Wendungen. Ich habe lange gebraucht, bis ich erkannte, dass die Kriegsgeschichten meines Vaters als Held, die er so oder so ähnlich, oder eben doch ganz anders erzählt hatte, vor allem eines waren: Meine Einbildung. Sie waren das zusammenphantasierte Ideal eines Kindes von seinem Vater, der eben meist abwesend war. Ein Vater, den ich für meine Entwicklung als männliches Vorbild gebraucht hätte, der aber immer seltener zuhause war. Wenn er aber schon nicht zuhause war, dann wollte ich mich wenigstens auf diese Art mit ihm identifizieren können. Macht es also überhaupt noch Sinn, diese sogenannten „Kriegs-Erinnerungen" meines Vaters als Leitfaden zu betrachten, um an ihnen das eigene Leben zu erzählen?

Ich glaube schon. Wir werden unser Leben besser verstehen, wenn wir lernen, die eigenen Prägungen zu verstehen. Denn je länger, desto mehr wurden diese Geschichten zu „eigenen Erinnerungen" zu „inneren Bildern" und „Filmen" mit mythischem Charakter. Sie wurden zu einem Ideal. Das war entscheidend: Das fehlende männliche Vorbild hatte ich als Kind in die Vergangenheit meines Vaters projiziert. Männlich sein, hieß für mich ab da, ein „Held" zu sein. Das war für mich die eigentliche Leistung. Dies Bild motivierte und befeuerte mich auf meinem Lebensweg. Ich wollte sein wie er. Ich träumte davon ein Held zu sein. Mein Vater war als junger Offizier ein Idealist und ich tat es ihm gleich. Sein „Ritterkreuz" wurde zum Symbol meines lebenslangen glühenden Idealismus. Doch brachte ich eine andere Sichtweise der Dinge mit. Ich goss die Glut in eine neue Form. Mein Heldentum musste ein spirituell empfindendes sein. Ich wollte Priester werden und wurde doch schließlich Lehrer.

Ideale sollen uns motivieren. Es heißt, sie können uns Orientierung geben in einem Leben, das sich stets verändert. Einem Leben, das unwägbar und voller Risiken und Schwierigkeiten ist, das man nicht „auf die Reihe bringen" kann. Wie viele von uns laufen dem eigenen Ideal jedoch nur ein Leben lang hinterher, ohne es je erreichen zu können. Es ist unberührbar und verharrt stets in der Zukunft. So blieb auch mein Ideal am Ende nicht anderes als eine persönliche Utopie. Denn das ist ja gerade das Wesen des Ideals, dass es prinzipiell unerreichbar ist. Das wäre an sich noch nicht so schlimm. Doch erzeugt Unerreichbarkeit bei den meisten von uns eben auch Leiden. Dieses hängt meiner Ansicht nach untrennbar mit einer weiteren Seite des Ideals zusammen: Ideale erzeugen automatisch Schatten. Es handelt sich um jene Anteile der eigenen Persönlichkeit, die wir in uns als Fehler und Schwächen wahrnehmen und die deshalb per se dem Ideal zu widersprechen scheinen. Ich meine damit zum Beispiel jene Situationen in unserem Leben, die wir anderen nicht so gerne erzählen, wo wir uns aus einer Angst heraus „schwach" oder sogar „feige" zeigten, eben nicht „heldenhaft". Also werden diese seelischen Bereiche ins persönliche Unbewusste verdrängt, in den sogenannten Schatten. Sie bleiben nicht integriert, sondern erzeugen dort unbewusste Scham und Schuldgefühle. Je stärker der Idealismus wird, je mehr wir uns mit dem Ideal identifizieren, desto größer scheint der

Schatten zu werden. Dies kann der individuelle, aber auch ein kollektiver Schatten sein. In Einrichtungen, die sich auf hohe ideelle Ansprüche oder auf weltanschauliche Utopien gründen, arbeiten normalweise viele Idealisten. Hier beginnen meiner Erfahrung nach die Schatten irgendwann zu tanzen. Man verhält sich konform und kontrolliert sich gegenseitig. Unbemerkt von außen etabliert sich ein schattenhaftes Eigenleben, solange bis eines Tages die „Bombe platzt" und ein Skandal das idealistische Weltbild der Anhänger erschüttert. Fassungslos bemerken sie dann, dass ihre „heile Welt" keine war: Die Einrichtung gerät in Verruf. Ihr Repräsentant war nur ein zum Denkmal erstarrtes, gottgleiches Vorbild. Es hat auf einmal menschliche „Risse" bekommen. Die Projektionen sind zusammen-gebrochen.- Da brauchte ich als Sohn nicht lange zu warten. Väter bekommen meistens schnell „Risse": Denn, wenn mein Vater einmal zuhause war, dann fürchtete ich seine preußische Strenge in der Erziehung. Aber lieben konnte ich nur dieses unberührte Ideal seiner kriegerischen Vergangenheit, in das ich mich flüchtete.

Die heutige Gesellschaft hat auch ihre Ideale. Sie heißen „Frei-sein", "Karriere" oder „Wohlstand" und „Schön heit". Es ist schwer, zu erkennen, was wesentlich für das eigene Leben sein könnte. Für mich wurde es mit zunehmenden Alter das Mitgefühl. Ich glaube, das Gegenteil des Ideals ist das Mitgefühl. Und ich bin überzeugt: Zu erkennen, dass wir Mitgefühl gegenüber den eigenen Fehlern und Schwächen haben dürfen, kann

Brücken zum Verständnis anderer öffnen. Als eine der letzten Kriegsgenerationen an der Front hatte mein Vater nie wirklich gelernt Vater zu sein. Vor diesem Hintergrund fällt es mir heute leichter, ihm so manches in der eigenen Erziehung zu verzeihen, auch weil ich es als Vater meiner Kinder selbst nicht viel besser machte... Von hier aus suchte ich nun die Heldentaten meines Vaters noch einmal zu schreiben. Wenn auch mein Vater nur ein Mensch war und wenn es schon keine objektive Erinnerung gibt, sondern eine, die einfach den eigenen Bedürfnissen entspricht, dann durfte, ja musste, meine Phantasie das Eingebildete umschreiben, als wäre es das selbst Erlebte. Dazu war es ja tatsächlich von Anfang an geworden. So nahm ich die Bruchstücke vermeintlich erinnerter Worte und formte aus ihnen Geschichten. Auch in den eigenen Erinnerungen musste ich den Mythos finden und ihn zu dem machen, was ihm für mich wieder Wert und Würde zurückgab. Denn „Helden" sind durch das Leben zutiefst Verwundete. Sie sind Schuldige. Sie waren in Wahrheit von Anfang an nur Menschen. Da ist Mitgefühl mit der Traumatisierung meines Vaters durch den Krieg, aufeinmal Mitgefühl und Verständnis mit mir, der ich solange seinem Kriegs-Gespenst hinterher gelaufen war. Denn wie hatte ich all die Jahre unter seinem Idealismus gelitten, den ich zu meinem eigenen machte. Wenn aber aus dem Versuch, Mitgefühl zu empfinden, so etwas wie Frieden in der eigenen Seele entstehen kann, dann macht es Sinn von der eigenen Reise durch die Schatten zu erzählen. Möge es für manche Leser meiner Generation nützlich sein, die mit ihren Vätern und auf ihrem Lebensweg Ähnliches erlebten.

Die folgende Erzählung meines Initiationsweges ist in der Abfolge der Kapitel, soweit dies thematisch möglich ist, natürlich chronologisch geordnet. Dennoch habe ich in sie, besonders am Anfang und im Anhang, eine Sammlung von älteren Texten eingebettet. Sie hebt sich in Erzählweise und Stil von den anderen Kapiteln ab. Ihr Duktus spiegelt mein jahrelanges Bemühen wieder, mit den Themen meines Lebens kreativ umzugehen. Insofern gleicht mein Buch einer Kette unterschiedlicher Bernsteine, die die winterlichen Stürme des Lebens an meine Küste gespült hat. Sie sind nun von mir in ihrer Vielfalt aus verschiedener Größe und Farbe für das Band meiner Erzählung aufgereiht worden.

Haiterburg , den 22.07.2018

Paul Lichtenberg

Vorspiel auf dem Theater

Das Ritterkreuz

„Bring ´s weg", hatten sie gesagt, „verkauf es. Dein Ritterkreuz nützt niemanden mehr. Der Krieg ist aus. Du weißt doch, dass die Engländer ehemaligen Offizieren der Deutschen Wehrmacht das Tragen von Orden und Abzeichen verboten haben." –„Ich kann nicht."- „Und wir hungern!", sagt jetzt auch sein Bruder, der selbst keine Ehrungen aus dem Feld mitgebracht hatte. „Wenn du´s nicht tust, bringe *ich* es zum Schwarzmarkt! Es gibt amerikanische Offiziere, die so etwas als Kriegstrophäen sammeln und viele Zigaretten dafür bieten."

Doch mein Vater weigert sich. Als Gunter sein kleines, kahles Zimmer verlassen hat, schaut er es noch einmal an: Seine schwarze, zerkratzte Farbe, seinen silbernen Rand, die gebogenen Seiten des Kreuzes, ihre spitzen Kanten, - und das Hakenkreuz in der Mitte… Dann tut er es in die kleine graue Schachtel aus Pappe und versteckt es unter seiner Kleidung im Schrank.

Es war doch noch gar nicht so lange her: Der junge Leutnant der Wehrmacht hatte Heimaturlaub und besuchte sein Elternhaus. Geknackte Panzer und getötete russische Soldaten. Er hat sie fotografiert, damit man ihm zuhause glaubt. Nun steht er schmuck mit Uniform an der Eingangstür zum Garten. Er ist Ritterkreuzträger, hat die Brust voller Orden. Da kommt ein alter Mann mit einem Mülleimer heraus und bleibt auf einmal stehen. Er sagt kein Wort, aber er hat Tränen in den Augen. Der Vater schaut seinen Sohn einen Moment lang genau an. Dann setzt er seinen Eimer ab und nimmt ihn in die Arme. Beide weinen. Aber dann war auf einmal alles vorbei. Die Häuser kaputt, die Straßen vom Schutt leergefegt, die Nachbarn von den Bomben getötet, in der Gefangenschaft oder an der Front gefallen. Und Schweigen breitete sich aus, als sie aus den Filmvorführungen der Besatzer kamen: Ausschwitz, Buchenwald, Dachau. Niemand sollte mehr wegschauen können: Die Gaskammern, die Leichenberge, die Gräueltaten der Deutschen. „Kratz es raus. Die anderen tun es auch." Doch mein Vater weigert sich.

„Ich kann nicht."

Das Hakenkreuz an seinem Orden behauptet seinen Platz. An dieses Ideal hatte er mit flammender Begeisterung geglaubt. Dafür war er von Anfang an mit Ausdauer und Härte wie aus einem weichen Teig zu "brauner" Form geknetet und gebacken worden: Das magische Symbol seiner täglichen Erziehung durch die Propaganda. Für dieses "Heil" war er nach einem "Notabitur" als HJ-Führer schon mit 17 Jahren in den Krieg gezogen, "für Führer, Volk und Vaterland". Für dieses Kreuz hatte er all die Jahre seines jungen Leben gegeben, gelitten und Angst gehabt, hatte so oft seinen Kopf riskiert.

"Wir haben uns bei Panzerangriffen vor Angst in die Hosen gemacht."

Mein Vater sitzt manchmal nachts, wenn die anderen schlafen, im Keller und weint. Dann sieht er die Gesichter derjenigen, denen gegenüber auch er zum Täter geworden ist. Die angstvollen und schmerzverzerrten Augen und Schreie der Soldaten, die brennend aus der Luke ihres Panzers sprangen, als er ihn mit seinen Männern unter Beschuss genommen hatte. Die sich wie lebende Fackeln vor den Kampfwagen im Dreck wälzten. Familienväter, Söhne, Brüder, wie er. Auch das MG-Nest russischer Soldaten, dessen Störfeuer er selbst vom Geschützturm seines Königstigers ins Visier nahm, ihre verdrehten Körper mit den Einschusslöchern in den Uniformjacken, die verrutschten Helme über den bleichen Gesichtern, mit den starren Augen und offenen Mündern.

"Als ich meinen ersten Russen erschossen hatte, konnte ich Nächte lang nicht schlafen."

Auch gestern Nacht hatte er sie wieder gesehen. Er sitzt in der halbdunklen, kühlen Kammer auf einem Hocker und hält zitternd den Orden in der Hand. Auf einmal sind diese Haken für ihn zum Verbrecherkreuz geworden, als hätten sie sich über Nacht umgedreht, als seien sie nun das Zeichen der Henker für Unzählige, für einen Rassenwahn sinnlos gequälter und ermordeter Menschen und Völker. Ihm laufen die Tränen: Er hatte für sie gekämpft. Am Ende dieses verlorenen Krieges sitzt er da wie ein kleiner Junge, wie viele seiner Generation. Er weint vor einem blutigen Haufen von Scherben, vor der Lache ausgekotzter Ideale, die stinken wie Gift. Er sitzt da, wie ein Bestohlener, der getäuscht wurde, dem Jahre seiner Jugend geraubt worden waren, verraten und verkauft von einer gewissenlosen Bande von Verbrechern. Doch die Hände, mit denen er das Kreuz hält, sind schmutzig. Er hatte sich mitschuldig gemacht an ihrem Werk der Vernichtung. Und trotzdem sagt er:

"Das kratze ich nicht ab."?

Warum nicht? Jahrzehnte später berichtet mir mein Onkel von der Weigerung meines Vaters. Der Bruder meiner Mutter ist immer noch empört. Viele Ritterkreuzträger taten es.

„Ich kann nicht."

Man kann eben nicht einfach auslöschen, woran man seine ganze betrogene Jugend geglaubt, wofür man bereit war, sein Leben zu opfern, und was nun zur eigenen Schuld geworden ist: Er konnte als Helfer der Henker nicht so tun, als sei nichts gewesen. Tragische, blind geglaubte, - mörderische Ideale. Mein Vater hatte an sie geglaubt.

Spurensuche

Da sind Bilder von einem jungen Mann, Bilder, die in mir leben. Solche, die sich vermischen mit den Spuren seiner Vergangenheit. Da ist das „große Bild", so groß wie auf einer Kinoleinwand, das Heiligenbild meiner Kindheit: „Mein Vater, der Held", das Foto vom Leutnant in Uniform, mit der Brust voller Orden. Ausgeleuchtet und in Szene gesetzt, als stamme es aus einem Atelier. Dann sind da noch andere, alte kleine Fotos mit verziertem Rand, vom Krieg an der Ostfront, eine ganze Hand voll. Mein Vater hatte sie mir eines Tages geschenkt. Auf wenigen ist das Schwarzweiß noch wie druckfrisch, die meisten sind vergilbt und gewellt. Eines jedoch steckt in einem kleinen Umschlag aus Leder. Es scheint ein Passfoto zu sein. Ich entdeckte es, als ich nach dem Tode meiner Mutter mit meiner Schwester die elterliche Wohnung ausräumte. Hinten steht drauf „1945" und „Kriminalbeamter". Es ist so ganz anders als das Heldenfoto. Der Mann schaut viel ernster in die Kamera: Die Haare pomadig nach hinten gezogen, ein Abgemagerter in einem blassen Anzug. Irgendwie ein Fremder. Das Gesicht ist schmal. Die Augen treten wie bei einem Hungernden besonders hervor. Dieser 19-Jährige hat schon viel gesehen.-Ist das auch mein Vater? Dunkel erinnere ich, dass er erzählte, nach dem Krieg u.a. wegen seiner Erfahrungen als Komiss-Boxer bei der

Kripo am Hamburger Hafen eingestellt worden zu sein.-
Wer war mein Vater? Was hatte er wirklich erlebt?

Ihn in einer verblichenen Zeit zu suchen, heißt in
Wahrheit den eigenen Wegen zu folgen. Es sind die Pfade
des Inneren Kindes. Denn indem ich so schreibe, gebe ich
ihm Raum. Es erhebt voll Bewunderung und Fantasie
seine Stimme. Hier erzählt es seine Geschichte.

Mein Vater, der Held

Mein Vater ist zwar nicht zuhause. Nur manchmal am Wochenende. Und eigentlich immer weniger. Aber mein Vater ist ein Held. Ja, wirklich: Er hat das Ritterkreuz! Das habe ich meinen Freunden im Hochhaus schon gesagt. Denn in seinem Soldbuch steht das zwar nicht. Aber ich habe ein Foto von ihm. In Uniform, als junger Leutnant im zweiten Weltkrieg. Und er ist mir wie aus dem Gesicht geschnitten, ja, echt. Da sieht man, dass ihm der höchste deutsche Orden um den Hals hängt. Und er hatte noch viel mehr. Ich hab es extra mit Bleistift gezeichnet. Die ganze Uniformjacke mit all den Orden, auch denen, die man auf der Aufnahme nicht sieht, weil, er erzählt zwar nichts vom Krieg, nur manchmal. Und dann stell ich mir jedes Mal vor, wie alles war. Aber seine Orden hat er mir verraten: Das EK II und das Verwundetenabzeichen, das Infanteriesturmabzeichen und die Nahkampfspange in Bronze, die man nur bekommt, wenn man das „Weiße im Auge des Feindes" gesehen hat. Das Eiserne Kreuz erster Klasse und verschiedene Panzerknacker-Abzeichen, so silberne Aufnäher mit Panzersymbolen auf dem Oberarm, weil er sich eingebuddelt und von feindlichen Panzern hat überrollen lassen. Dann ist er schnell raus aus dem Sand, ist von hinten auf den russischen T34 gesprungen und hat einfach von oben die Einstiegsluke aufgerissen und eine Handgranate reingeschmissen, toll!- Ja, und dann hat er außer dem Ritterkreuz noch das „Deutsche Kreuz in Gold". Das ist so ein großer goldener Stern mit einem Hakenkreuz in der weiß-runden Mitte. Aber man sieht es auf dem Foto leider nicht. Die Familie, sein Bruder und sein Schwager glaubt ihm das alles nicht. Die glauben, er lügt. Aber ich hab Beweise. Er hat nämlich auch selbst Fotos gemacht von seinen Einsätzen. Auf einem sieht man ein russisches MG-Nest mit lauter toten russischen Soldaten. Man sieht die aufgerissenen Münder. Die hat er selbst erledigt…Und dann ist da noch dieser Brief an ihn, von 1952 aus Kanada, von einer Frau Dilenberg. Die schreibt:

„Ich habe die Hoffnung in ihnen endlich den Oberleutnant Klaus Lichtenberg vom Füsilier-Regiment GD wiederzufinden, der am 13.12.1944 in so hervorragendem Schneid seine Vierlings-Geschütze gegen ein aus der Balko von Malkovic hervorbrechendes sibirisches Regiment richtete und uns damit den Durchbruch aus dem Kessel von Lipsy ermöglichte. Ich habe zu meinem großen Bedauern von der schweren Verwundung dieses Offiziers gehört. Er soll damals das Ritterkreuz bekommen haben und in die Generalstabsausbildung gekommen sein."

Leider hab ich die Orden von meinem Vater nicht. Warum eigentlich gar nichts? Wo sie geblieben sind, weiß er selbst nicht richtig. Sein Bruder hätte die, glaubt er, nach dem Krieg verkauft. Aber ein anderer Junge im Hochhaus hat auch einen Vater mit einem Ritterkreuz. Er wollte das mal zum Spielen mitbringen. Wir haben auf ihn gewartet, aber sein Vater hat es dann verboten. Echt schade.-

Wir kennen aber von Fotos Offiziere mit den höchsten deutschen Orden, Fliegerasse, Jagdflieger mit „Pour le meríte", wie Freiherr von Richthofen, Ernst Udet im ersten, Ritterkreuzträger mit „Eichenlaub, Schwertern und Brillanten" wie Werner Mölders und Erich Hartmann im zweiten Weltkrieg, auch U-Boot-Kapitäne, wie Günther Prien von U47 und den Kommandeur des Schlachtschiffes „Bismarck", Ernst Lindemann. Das sind alles deutsche Helden. Manchmal spielen wir Weltkriegsschlachten. Dann bauen wir dutzende kleine Plastiksoldaten im Nebenraum vom Treppenhaus auf. Dann lass ich meinen batteriebetriebenen kleinen Königstiger durch alle Feinde fahren, weil mein Vater hat selbst drei davon befehligt. Oder wir kaufen uns auf dem Flohmarkt Bundeswehr-Tarnjacken. Und tragen die natürlich auch bei unserer Knallerei hinterm Hochhaus, mit Revolvern, Gewehren und Schreckmunition. Eines Tages wollte Kai von Gegenüber seine Jacke nicht mehr tragen. Komisch. Neulich war ich bei meinem Freund Michael zu Besuch. Der ist vom Hochhaus an die Alster weggezogen. Denn dessen Vater arbeitet jetzt nicht mehr am Hafen, sondern hat einen neuen Job, ist Hausmeister in so einem großen Haus mit Büros. Ich hab da übernachtet. Nachts sind wir im Schlafanzug durch die leeren Räume zwischen all den Schreibtischen getigert und haben General gespielt. Wir haben uns die deutschen Orden alle auf Papier aufgemalt, ausgeschnitten und dann mit Stecknadeln an unsere

Pyjamas geheftet. Dann sind wir auf den Gängen immer rauf und runter marschiert...

Dezember 1944:

Sergej kommt aus dem kleinen Dorf Iwanowka in West-Sibirien. Es hat nur drei Straßen. Die alten Datschen aus Holz sind zum Teil schon verfallen und die Gärten verwildert. Und viele seiner ehemals deutschen Bewohner sind, seit die Kommunisten das Land enteignet und die Höfe in Kolchosen gezwungen haben, fortgegangen, haben mit Ihren Familien Land und Haus verlassen und sind ausgewandert. Aber Sergej liebt seine Heimat. Wenn die Sonne im Oblat von Omsk im Spätsommer untergeht, leuchten die Getreidefelder golden. Dann strahlt der Himmel in der Reife des Tages zum Abschied so blau und all die Vögel, die sonst die heiße und schwere Arbeit am Pferdegespann auf den staubigen Äckern mit ihrem Gesang begleiten, haben sich in ihre Nester in den Büschen und an den kleinen Bachläufen zurückgezogen. Im smaragdgrünen Birkenwäldchen schlägt dann in der Dämmerung nur noch der Specht und der rote Ball des Himmelsgestirns verabschiedet sich durch die hohen Zweige mit einem tiefen Frieden.- Heute aber kommt Sergej ein letztes Mal in die Welt seiner Kindheit und Jugend, er kommt, um all das noch einmal zu sehen, um die Seinen von weit, weit fort zu grüßen, sich selbst zu verabschieden und für immer zu gehen. Denn Sergej ist tot. Und als Toter sucht der Sohn seine alten Eltern auf dem Hof, im Garten und auf dem Feld, um ihnen Lebewohl zu sagen.

Zur selben Zeit:

Ein Mann kann nicht schlafen. Er liegt auf einem Feldbett, mit dem Kopf auf seiner zerrissenen Uniformjacke und er hat große Schmerzen im Arm.Sein Verband an der linken Schulter und am Hals ist inzwischen schon durchgeblutet. Er ist einer von dutzenden Schwerverletzten im Feldlazarett des Füsilier-Regimentes Großdeutschland, einen Tag westlich von Lipsy, an der Ostgrenze des Reiches. So liegt er schon die dritte Nacht und wälzt sich zwischen dem blutigen Gestank, dem Stöhnen und den Hilfe-Rufen seiner sterbenden Kameraden, hin und her. Leutnant Lichtenberg kann nicht schlafen und fiebert unter der dünnen Wolldecke wie im Traum. Die Bilder quälen ihn. Er weint, aber er wird sie nicht los. Er sieht in seinem Fieberwahn immer wieder das „Weiße im Auge des Feindes". Doch dies Weiß und die Pupillen sind die Augen und der letzte Blick eines jungen Mannes, der nicht fassen kann, dass er schon sterben muss. Er hatte doch nur den Befehl, mit seiner Vorhut durch den Wald vor zu dringen und den Beschuss der russischen Belagerungstruppen durch die Wehrmacht zu unterbinden. Dieser sibirische Soldat ist noch jung, nicht älter als er selbst. Der Offizier sieht, wie sein Feind aus dem Wald auf seine Stellung zuläuft, wie es zum Schusswechsel kommt, wie er den ocker-braun Uniformierten und andere russische Infanteristen mit dem

MG niederstreckt. Aber dieser Russe ist nur am Arm verletzt. Als der Leutnant sich wieder zum Geschütz wendet und aufsitzen will, steht der Rote wieder auf. Von hinten läuft er ihn an und stürzt sich auf ihn, mit dem Messer in der Hand. Es kommt vor dem Vierlings-Geschütz zum Zweikampf. Leutnant Lichtenberg schreit im Traum. Er sieht ihn wieder vor sich, wie er sich befreit und nun ihn im Würgegriff hält. Er erkennt unter dem russischen Helm des Gegners dessen blonde Haare und die braunen, großen Augen. Es ist noch ein Kind. Er sieht wie sich seine Hand an seinem Uniform-Ärmel festklammert, als er ihm im Zweikampf den russischen Dolch an die eigene Brust zwingt und hinein rammt. Er spürt den Ruck des Messers, erschrickt, weil dem jungen Soldaten das Blut aus dem Mund schießt, weil seine Knie sinken, während er sich an ihm festhält und in den blauen Himmel blickt. Eigentlich war er nur der Iwan, irgendein Rotarmist, der ihn hindern wollte, die in dem kleinen Ort Lipsy eingeschlossenen deutschen Truppen und Zivilisten zu befreien. Wieder und wieder hat er die Bilder von ihm. Sein Staunen, als er stirbt, lässt ihn nicht los und er ruft in das Zelt: "Neeiin!" Doch jetzt hat der Feind ein Gesicht. Es ist, als ob er ihn kenne, diesen Menschen, dessen Leben er vorzeitig beendet hat. Es ist, als kenne nur *er* das Geheimnis seines letzten Augenblicks, seines zu Ende gehenden kurzen Lebens. Er kann es nicht mehr ändern. Er hat diesen jungen Mann getötet. Er spürt diese geheime Schuld, unter deren Gewicht er stöhnt. Der Leutnant wälzt sich. Die Wunde reißt und ist entzündet. Er schwitzt im

Halbschlaf. Er phantasiert und erlebt noch einmal wie er und seine Kameraden an den Waldrand herangefahren sind, wie sie im weiträumigen Granatenhagel der russischen Bomber mit dem MG im Anschlag auf die verlassene deutsche Stellung zu gerannt waren. Noch einmal sieht er zwischen den Geschützen und Panzerhaubitzen der verlassenen deutschen Stellung überall Tote liegen. Denn die Reste des Füsilier-Regimentes Großdeutschland waren ursprünglich herangeeilt und hatten hier an der Baumgrenze 30 km vor dem Ort Stellung bezogen, um die im Kessel von Lipsy eingeschlossenen deutschen Truppen und Zivilisten von der russischen Umklammerung zu befreien. Doch nun waren alle tot oder auf der Flucht.„Abbrechen!" Eine Befreiung ist nicht mehr möglich, die Übermacht der russischen Front zu gewaltig. Das sibirische Regiment bricht an der Balko von Malkovic durch und eine russische Vorhut ist bereits auf dem Weg zu ihnen. Über Funk kommt der Befehl „Rückzug!" Der Nebenmann ruft: „Schwester, ich habe solche Schmerzen!" Aber der junge Leutnant hört die Detonationen der feindlichen Granaten, wie sie immer näher kommen. Er wälzt sich im Schlaf und sieht noch einmal wie eine erst dunkelrot flammende und dann schwarze Wand der Zerstörung aus dem Osten heranrollt, wie sie die Dörfer in Posen eines nach dem anderen verschlingt und nun auch durch die Wälder dringt. Das Regiment ist vor dieser Übermacht ohnmächtig. Da ist keine Hoffnung. Er und seine Männer sind die letzte versprengte Einheit vor dem Heranrücken der russischen Front. Sie sind so müde und erschöpft, sie sind hungrig, verletzt und haben Schmerzen. Sie können und wollen diesen verlorenen Krieg nicht mehr, nur noch, dass endlich alles vorbei ist. Dass sie lebend nach Hause kommen zu ihren Frauen, Eltern und Geschwistern. Eingehüllt in dicke Mäntel zittern sie in der nassen Kälte und vor Angst. Und beim nächsten Panzer-Angriff werden sie sich wieder vor Angst in die Hosen machen.

Sergej sieht das schlichte hellblau gestrichene Haus seiner Eltern mit den geschnitzten Fensterrahmen. Er sieht es im Abendschein in einem Meer von Sonnenblumen liegen. Die Tür ist halb geöffnet. Sein treuer Hund Tischa liegt auf dem Treppenabsatz der Veranda davor und schaut ihn an, als der Sohn auf einmal eintritt und hinter seiner kräftigen, alten Mutter an der Feuerstelle des Herdes steht. Sie bereitet gerade im Kessel den Eintopf mit den wenigen Kartoffeln und Kräutern, die sie auf dem Feld noch haben ernten können. "Mamotschka, ich werde nicht mehr zurückkommen. Ich liebe dich und danke dir. Ich werde dich so vermissen." Sie spürt eine Gegenwart, wendet sich zur Seite, sieht aber niemanden. Ein letztes Mal blickt Sergej in ihre guten, von Hunger und Krieg gezeichneten Augen. Sie denkt voller Angst an ihn und wähnt ihn an der Front. Sergej möchte sie so gerne ein letztes Mal in die Arme schließen. Doch da ist kein Körper-Empfinden und kein Widerstand mehr, nur noch Liebe. Er geht durch sie hindurch und sucht den Vater vor dem Haus.

„Rückzug?: Das ist ja Irrsinn!" Der Leutnant schreit die Verwundeten neben sich an. „Frauen und Kinder. Da sind Frauen und Kinder. Sie brechen durch." Er sieht noch einmal in seinem Fieberwahn mehrere Kilometer vor sich die Kolonne mit wenigen Wehrmachtslastern aus der Stadt kommen. Sie laufen ins offene Messer. Denn die ersten Panzer des sibirischen Regimentes sind einen Kilometer östlich von Ihnen bereits in Stellung gegangen. Sie nehmen die Ausfallstraße mit den Fliehenden vom Feld aus unter Beschuss. Und er ist wieder in diesem Film: Die Rückkehr zur verlassenen deutschen Stellung, der Überfall der russischen Vorhut aus dem Wald, der Schusswechsel, der Zweikampf, der tote Russe und nun das Geschütz: Nachdem er den Russen niedergerungen hat, läuft er wieder zurück, springt auf das Geschütz. Er dreht, dreht zitternd und mit letzter Kraft noch einmal am Handrad die vier Rohre, wendet sie nach oben, bringt sie in Position und schießt, schießt verzweifelt und schreiend unter ohrenbetäubendem Lärm auf die Panzer des sibirischen Regimentes. Er gibt den ausbrechenden deutschen Militärfahrzeugen und Lastern mit schreienden Frauen und Kindern vor dem Ort Geleitschutz, damit sie durch den Geschosshagel durchbrechen können. Dann sieht er wieder diese Bilder. Er sieht in seinem Wahn Panzer-Luken, die nach seinen Volltreffern aufgerissen werden. Er bemerkt wie junge brennende Russen schreiend herausspringen, er hört auch neben sich die Schreie der Kameraden und erschrickt vor einer Explosion. Denn auch seine Panzer-Besatzung wird jetzt von den sibirischen Truppen unter Beschuss genommen. Er erlebt noch einmal diesen gewaltigen Schlag auf seine ertaubenden Ohren, sieht sich im Schwindel der Bilder vom Geschütz stürzen, mit blutendem Gesicht, zerfetztem Ärmel und furchtbar schmerzender Schulter. Dann erkennt er auf dem Boden vor sich das Gesicht des von ihm getöteten Rotarmisten. Und plötzlich wird ihm schwarz vor Augen. Wie er aus dieser Hölle fortkam, weiß er nicht mehr.

Sergej hatte gehofft, ihn inmitten der Blumen zu finden. Doch sein Väterchen gräbt müde, mit stummen Falten und Schweißtropfen im Gesicht noch die letzten Rüben aus dem Acker. Es sind ein paar Versandete im braunen Korb neben ihm. Er steht da im späten Licht der Sonne über seine Schaufel gebeugt und wischt sich mit dem verdreckten Ärmel den Staub von der Stirne. "Batjuschka, ich würde so gerne zurückkommen und dir deine Last abnehmen. Batjuschka, hörst du mich? Jetzt hast du nur noch Dimitri. Möge Gott geben, dass der Krieg dir meinen Bruder nicht auch noch raubt. Ich wollte, dass du stolz auf mich bist. Vergiss mich nicht. Ich muss jetzt für immer gehen."

Der junge Leutnant sieht den erlöschenden Blick des sterbenden russischen Soldaten und weint. Er weint laut, während ihm aus der Brusttasche seiner Uniformjacke das Ritterkreuz neben die Krankenliege in den Dreck fällt. Morgen gehen wir in den Antiquitäten-Laden auf der Grindelallee. Die haben sogar Orden im Schaufenster

liegen. Vom zweiten Weltkrieg haben sie leider nur das
EK II.

Gespräch vor dem Haus

Du hockst da drin. Die Zimmer wie im Traum. Die Wände aus Bildern, bunt, lebendig, mal dunkel, mal glühend hell, oft voller Orden. Sie verändern und verschieben sich, wenn du durch die Räume gehst. Doch du kommst da nicht heraus. Hast nur die Tür ein wenig offen gelassen, zum Stuhl im Garten.

Da sitze ich jetzt. Bin nach langer Zeit gekommen, um mit dir zu sprechen. Ich rufe deinen Namen. Muss lauter reden, damit du meine Stimme hörst. Ich sage:

„Liebes Kind,

ich weiß, das ist alles schwer für dich. Du lebst an diesem Ort, schon so viele Jahre. Und nun wird dir nicht mehr einfach geglaubt. Dabei wußtest du es doch immer besser: "Er war doch trotzdem ein Held!" Du diskutierst nicht, du schreibst lieber selbst seine Geschichte auf deine Fahne. Du gehst nur heraus, um sie an dem alten Mast hinter deinem Haus zu hissen. Da weht sie jetzt für alle Fälle.... Aber ich will dich einfach bitten, zuzuhören. Weißt du, - obwohl ich so viel älter bin: Nocheinmal. Wir wissen es eigentlich nicht. Wir wissen nicht, wie es genau gewesen ist, was er tat und für wen. Wäre er noch hier, ich würde ihn fragen, so aber haben wir nur ein paar alte Fotos, einen Brief und die Erinnerung an seine Worte, so dünn, so ungreifbar wie Wind. Auch dies hier. Sagte er nicht einmal:

"Wir haben uns hinter der Front mit der SS geschlagen."?

Heute frage ich mich, ob er dies sagte, weil man das damals gerne hörte, weil es nach dem Krieg diesen Mythos des anständigen deutschen Wehrmachtssoldaten gab. Die sollten so ganz anders gewesen sein, als die verbrecherische Waffen-SS.

Du weißt ja, Vater war u.a. 1944 als blutjunger Offizier in der 19.Panzer-Division „nur" an den Rückzugsgefechten aus dem Osten beteiligt, aber was hatte diese selbst angerichtet? Wusste er von den Verbrechen der Wehrmacht an der Front? Ich will es nicht glauben, du willst es nicht glauben, aber was war es, was er verschwieg…?

Da ist diese Geschichte, dass sie auf dem Rückzug ein verlassenes Lager vorfanden. Er und seine Mannschaft saßen von ihren 3 Panzern ab, stürmten herein und waren vollkommen überrascht und schockiert: Sie fanden in den Barraken sterbende Juden vor, die die SS auf ihrer Flucht zurückgelassen hatte. Sie hätten einzelne vergeblich versucht mit Wasser und ein wenig Brot zu retten…Sag mir bitte, Kind, war das nur wieder d e i n e Geschichte? Weil du seine Ehre retten wolltest? Bitte, nimm es mir nicht übel, aber jetzt bin ich schon so lange Lehrer für Geschichte und muss dir sagen: Abgesehen davon, dass der Krieg der Wehrmacht ein Angriffskrieg war, der darauf abzielte in den Staaten der Feinde ganze Bevölkerungsteile zu vernichten, gab es doch eben diese Zusammenarbeit der Wehrmacht mit der SS beim Holocaust, gerade in Russland. Ja, es gab sogar Massaker an Juden durch die Wehrmacht selbst, etwa in der Ukraine.

Sah er keine brennenden russischen Dörfer, erschossene Zivillisten... Gar nichts davon?...Das kann nicht sein.

Kann denn angesichts des Leidens so vieler Menschen an der verbrecherischen Kriegsführung der Nazis überhaupt noch irgendein Teilnehmer als "Held" bezeichnet werden? Aus heutiger Sicht ist das schlichtweg nicht mehr möglich. Findest du nicht, das wäre Hohn für so viele geschundene, gequälte und ermordete Menschen? Für die zahllosen Opfer der nationalsozialistischen Kriegspolitik?

Hallo?... Du brauchst nicht zu antworten. Aber schließe nicht deine Tür..

Wenigstens möchte ich dir erzählen, wie es mir damit erging.

Skizze aus der Zeit als Gymnasiast.

Der Kriegsdienstverweigerer

Ich bin wie er und doch bin ich ganz anders. Aber das hat man mir nicht geglaubt. Ich zeichne nämlich, male und dichte, sehe genau hin, spüre mehr als manche andere. Nein, da ist niemand, der mich zum Segeln oder zum Reiten mitgenommen hätte, der mir das Boxen gezeigt hätte oder wie man einen Holzstamm sägt. Vater ist immer fort. Stolz auf mich ist eigentlich nur die Mutter. "Ich mache aus dir mal einen richtigen Mann": Als mein Vater einmal nach Hause kommt, tritt er auf, mit väterlicher Gebärde, als verläse er seine königliche Regierungserklärung. Aber sein Stolz ist verletzt. Denn er merkt: Ich bin anders als die anderen. Ich bin kein verschlagener Raufbold, ich bin anhänglich und sensibel. Ich bin fein und weich, weich wie er, der zur Härte erzogen wurde, künstlerisch wie er, der immer gerne gezeichnet und geschrieben hat, der nach dem Krieg als Journalist eigene Hörspiele verfasste, der später eine Zeichentrickfilm-Produktion hatte...Aber ich passe nicht in sein männliches Ideal. Seine Worte verletzen mich. Wir haben zum Teil adlige Vorfahren. Und darum bin ich jetzt einfach der "Kleine Prinz", der verkannte, der nur aus Versehen in dieses Hochhaus geboren, bei diesen Eltern gelandet ist, der aber eigentlich auf seinem ganz eigenen Planeten lebt. Ich flüchte mich in meine Traum-welt und träume von dem großen Preußenkönig Fried-rich, der selbst die Fahne in die Schlacht führte, der aber als Kind genauso unter seinem militärischen Vater litt, dem "Soldatenkönig". Er wollte sich nicht zu einem kleinen Soldaten ausbilden lassen. Er machte das, was sein Vater verboten hatte und spielte lieber heimlich auf seiner Querflöte, las französische Bücher, schrieb Gedichte, machte sich Gedanken über Gott und die Welt. Er flüchtete vor diesem strengen Despoten, wurde von des Königs Truppen eingeholt und gefangen. Fritz musste von seinem Zellenfenster zusehen, wie sein Verbündeter und Freund "Leutnant Katte" vor seinen Augen auf Befehl seines Vaters hingerichtet wurde...

Mit 14 höre ich auf zu prügeln. Ich mag keine Gewalt, nicht mehr. Sie stößt mich ab. Auch betrunkene Nachbarn im Haus meide ich. Wenn meine Freunde ins Fußball-Stadium gehen, ziehe ich alleine durch die Hamburger Kunsthalle, denn Kunst und Malerei ernähren mich. Ich bewege mich in ihren großen Sälen wie in meinem Reich. Ich schweife von einer Bilderwelt zur nächsten und lebe in den Farben und Stimmungen der Jahrhunderte. Romantiker, Impressionisten und Expressionisten sind meine Bibel. Ich stehe als Wanderer mit Caspar David Friedrich über dem Nebelmeer oder erlebe bei untergehender Sonne die Stimmung seiner Berglandschaft. Ich flimmere mit Monet in tausend Punkten aus Licht über dem sonnig-warmen Feld an einem Nachmittag. Ich trinke mit den Augen eines Franz Marc das Gelb und das Blau der Pferde voller Kraft, tauche ein in die leuchtende Tiefe der Bilder Emil Noldes. Ich kehre immer wieder zurück zu meinen

Lieblingsbildern, als wären es meine Freunde. Zuhause kopiere ich aus Kunstbüchern Gesichter. Meine Zeichnungen sind fotographisch genau, ich male selbst in Öl. Meine Gedichte können sich sehen lassen. Ja, auch ich schreibe Geschichten, wie er. - Doch der ist ja anscheinend immer "bei der Arbeit", nur die Mutter ist zuhause. Aber die ist krank, hat immer Migräne und Tetanien. Meist liegt sie auf ihrem Bett im Schlafzimmer unserer Hochhaus-Wohnung und hat Angst. Sie hat Angst um mich und meine Schwester.

Vielleicht doch ein Glück, nicht wirklich einen Vater gehabt zu haben, einen, der anwesend gewesen wäre,...einen, der mich sowieso nicht versteht. Auch schon früher. "Klaus, wir sind hier nicht auf dem Kasernenhof!"

Als mein Vater wieder einmal zu Besuch ist und den lauten Umgangston der Wehrmacht auf seinen kleinen Sohn anwenden will, stoppt ihn meine Mutter. Ihn, den Patriarchen, den selbstständigen Chef, der sich nicht unterordnen kann, von der Größe ein Schrank. Er war Armee-Boxer und ist mir auch später körperlich weit überlegen. Ich werde nie an ihn heranreichen können. Die Hitlerarmee hat aus ihm ein Monster gemacht. Jetzt verkörpert er nur noch Befehl und Gehorsam. Wenn ich mich beim Essen einmal aus Versehen mit dem Ellenbogen auf der Tischkante aufstütze, hat er schon die Stoff-Serviette in der Hand, bereit zum Schlag. Und er bedroht mich mit großen Augen: „Freund und

Kupferstecher!!" Aber heimlich in meinem Herzen lebt er noch im Krieg und er ist dort Mensch und Held. Er rettet flüchtende Zivilisten und befreit Kameraden. Und manchmal, wie an seinem dunklen Himmel, leuchtet das schnell verglühende Licht eines Kometen, voll von Wärme und Humor. Denn er hat Witz....Nein, ich mag seine Befehle nicht, gar keine Befehle und schon gar nicht auf Befehl anderer zu töten, wenn ich selbst entscheiden will, was ich tue.

Nach der Schulzeit verweigere ich den Kriegsdienst. Bei zwei Verhandlungen als Kriegsdienstverweigerer werden meine Gewissensgründe nicht anerkannt. Bei der ersten sitzen Hausfrauen da. Bei der Zweiten weißhaarige Männer aus dem Krieg. Sie sollen meine moralische Einstellung prüfen, als ginge es um einen Fahrradschlauch: „Sie sagen, ihr Gewissen verbiete es ihnen, auf Befehl auf einen Menschen zu schießen. Was aber würden sie tun, wenn sie im Krieg der einzige Flakschütze vor Ort wären, und sie allein die Möglichkeit hätten, einen feindlichen Bomber abzuschießen, der sich gerade über ihnen auf einem Flug zu eben jener Stadt befindet, in der Alte, Frauen und Kinder leben, und die sie beschützen sollen? Würden sie auf dieses Flugzeug schießen, oder nicht? Begründen sie ihre Entscheidung." Ich bin sprachlos. Mein Anwalt neben mir schaut mich an. Ich schaue ihn an. Wie oft hatten wir solche Art von Fragen bei ihm in der Kanzlei durchgekaut. Sie folgen immer demselben Muster, nämlich dem der Ausweglosigkeit: Egal wie ich handeln würde, ich mache mich schuldig, eben wie im Krieg. Ich müsste leidend das kleinere Übel wählen und töten.- Siehst Du kleines Bürschchen, dass das mit dem Gutsein-Wollen, mit dem Nicht-schießen-können, nicht so einfach ist? Die Welt ist anders. Und ich hocke jetzt mitten drin. Ich sitze da zwischen all diesen alten Herrn, mit großen Augen und schwitze. Was sagen? Alle Übung ist vergessen. Mein Rechtsbeistand wird nervös. Die Herren warten, werden langsam ungeduldig. Wohl hätte ich jetzt anfangen sollen mit „dass", „wenn" und "dann": Ich hätte sagen sollen. „dass" mir, „wenn" es vollkommen klar wäre, „dass" dies tatsächlich ein feindlicher Bomber ist, der die Absicht hätte, diese Stadt auszulöschen und ich selbst wirklich der Einzige wäre, der ihn davon abhalten könnte, diese Hunderte von wehrlosen Alten, Frauen und Kindern mit seinen Bomben umzubringen, „dass" ich „dann" gegen mein Gewissen handeln müsste. „Dann" müsste ich diesen Piloten und Co-Piloten, wohlmöglich selbst Ehemänner, Väter, die „dann" selbst nie wieder zu ihrer Frau und ihren Kindern zurückkehren würden.... ich müsste sie mit meinen Flakschüssen vom Himmel holen. Ich müsste sie töten! Ich würde nachts aufwachen und schreien, weil ich die Gesichter der von mir getöteten Piloten vor mir sähe, der Ehemänner, der Väter! Ich würde schreien. - Wie hat mein Vater weitergelebt? Wie hat er mit dieser Schuld leben können? Sagte er doch: „Ich konnte nächtelang nicht schlafen."- Sandkastenspiele der Phantasie. Und dann wäre noch eine kleine kostenlose Theatervorstellung fällig gewesen. Vielleicht geschickt platzierte Emotionen, gar Tränen. Ich wäre dann weinend meinem Anwalt in die Arme gefallen. Die Schöffen aber wären ebenfalls zu Tränen gerührt gewesen: „Ich würde mein Lebtag nicht mehr glücklich werden! Ich könnte nicht mehr schlafen. Ich würde gegen mein Gewissen handeln, aber ich müsste es in dieser Situation tun!" Jetzt aber taktiere ich, verstricke mich, setze im Ernstfall gar die Bundeswehr ein. Es hilft alles nichts. Ich bin durchgefallen. Nicht nur einmal, zweimal, gleich bei zwei Verhandlungen: „Prüfungsausschuss", „Prüfungskammer". Das dritte wäre dann meine Klage vor dem „Verwaltungsgericht Hamburg". Kann man das Gewissen eines anderen prüfen? Wer hat das Recht dazu? Mein Anwalt sieht eigentlich aus wie ein kleiner Gallier aus „Asterix und Obelix". Er ist ein pummeliger, kleiner, wurzelbärtiger Linker, schnell wie ein Kugel-Blitz und zu jedem Kampf bereit, schon aus Prinzip immer gegen den „Staat". An seiner Klotür hängt ein Plakat mit den Profilen von „Marx", „Engels" und „Lenin", mit dem Spruch: „Alle reden vom Wetter. Wir nicht!". Auch ich will weiterkämpfen. Natürlich soll er für mich sofort Klage einreichen. Aber jetzt zuckt er nur mit der Achsel. Da ließe sich nichts machen. Ich müsse den dritten Termin vor Gericht abwarten. Und der ist erst in einem Jahr. Die Gerichte sind überlastet. Es ist die Zeit des „Nato-Doppelbeschlusses" und der „Friedensdemonstrationen" und da gehört es unter Gymnasiasten fast schon zum guten Ton, zu verweigern. Aber solange wartet die Bundeswehr nicht.- Ich werde eingezogen.

In der Welt der Väter

Wiederkehrende Gespenster

Nein,- es ist nicht einfach eine der Geschichten meines Vaters. Es ist sein Schatten, den ich zu meinem Gespenst formte und das nun wiederkehrt, an diesen Ort. Doch nun zeigt es seine Wunde. Und darum soll es noch einmal hier stehen:

„1944. Der junge Panzerleutnant hat Heimaturlaub und besucht überraschend sein Elternhaus. Geknackte Panzer und getötete russische Soldaten. Er hat sie fotografiert, damit man ihm zuhause glaubt. Nun steht er schmuck mit Uniform am Eingang zum Garten. Er ist Ritterkreuzträger. An seiner Brust hängen wirklich bedeutende Orden.....“ Aber er ist aufgeregt. Sein Arm schmerzt und sein Herz pocht. Es ist dasselbe Herz, das in ihm schlug, als er als Junge alleine durch die Berliner Straßen zog. Als er den ganzen Tag fort war. Als niemand in der Familie wusste, wo er steckt. Weil ihn sowieso niemand sah. Weil nur der ältere Bruder Beachtung fand und die junge Schwester alle Liebe bekam. Weil er selbst unwichtig war. Dies verstummte Herz, dies einsame Herz, es ist nun groß geworden. Es ist das eines jungen Mannes, ja, eines Kämpfers von der Front. Und doch pocht es wie früher und es ist noch immer wund, als sei es in Wahrheit klein und verletzlich geblieben, als bräche gleich der alte

Schmerz aus ihm, die Angst, dass sein Vater ihn immer noch nicht sieht, dass er wieder alleine durch die Straßen laufen muss ...- „Da kommt ein alter Mann mit einem Mülleimer heraus, und bleibt auf einmal stehen. Er sagt kein Wort, aber er hat Tränen in den Augen. Der Vater schaut seinen Sohn einen Moment lang von oben bis unten an, setzt seinen Eimer ab und nimmt ihn weinend in die Arme."

Tag der Einberufung. Mein Vater hat mich aus der Wohnung der Mutter hinausgeworfen. Hab ihr ewiges Kranksein nicht mehr ausgehalten. Ein furchtbarer Streit. Dann das Telefonat. Und er darin der Richter: Militärisch, unerbittlich, hart. Mit drohender Stimme, wie immer. Aber diesmal muss ich gehen.- Mit dem Einzug bei der Armee werde ich endgültig die Wohnung verlassen. Herausgeschmissen. Und er wird 10 Jahre keinen Kontakt mit mir haben. In den Kriegsdienst-verweigerungsverhandlungen zweimal abgelehnt. Meine Freundin hat mit mir Schluss gemacht.

Nun stehe ich wie ein Ausgespuckter mit kurz geschnittenen Haaren und Reisetasche an einem seltsamen Ort:Die Gänge im Wohnblock sind sauber und leer. Die Wände, der Boden sind kalt, fast ohne Farben. Links und rechts in der Reihe die nummerierten Stuben-türen, als wären es Zellen, mit kleinen dunklen Räumen und Fenstern, aus denen man nicht gerne herausschaut. Alles riecht hier nach Putzmittel oder gar nicht, im Keller nach Öl und Waffen. Wer fühlt sich hier wohl? Wohnt hier jemand gerne? Niemand. Vielleicht die, die niemanden haben, der auf sie wartet.- Wie ich.-Wo bleibe ich jetzt am Wochenende, wenn die Kameraden nachhause fahren?- Werde von Freunden und Bekannten solidarisch weitergereicht, übernachte in der Stadt an verschiedenen Adressen, mal hier, mal dort. Der Kriegsdienst-verweigerer ist obdachlos und wird Asyl finden müssen...Öfters stehen Streifenwagen vor dem Eingang. Dann kommt die Polizei auf ein Bierchen vorbei. An der Bar im 1.Stock hängen Bilder von Uniformen aus den letzten Jahrhunderten. Wie im Schützenverein. Auch die der Wehrmacht, ganz herrlich, als wären es irgendwelche. Bestimmt unterhält man sich dann über Hausdurchsuchungen, Festnahmen, Wehrübungen und Waffentechnik und trauert alten Zeiten nach...Meine Hotelsuite jedenfalls hat die Nummer „119". Sogleich werden wir eingekleidet. Ich bin jetzt olivgrün, die schwarzen Stiefel sind viel zu eng, so eng, dass ich eine große rote Narbe an meiner Hacke zurückbehalten werde, von den langen Märschen. Für den Kasernenfotographen wird die Frisur noch kürzer gestutzt, armeegerecht, fast auf Kante mit dem Helm. Er will von allen Rekruten die Ausgehuniform, als gingen wir ins Theater. Aber auf dem Kopf stehen irgendwie noch meine Locken. Vor dem schmalen Spind in meiner trüben Stube sehe ich im Spiegel: Stan Laurel, mit silbergrauer Jacke und mit rotem Barett, rot wie meine Pickel.

Bei der Vorstellungsgruppe in der Stube 119 sitzt „Gol" unser Unteroffizier mit am Tisch. Ein rotpickliger Zwei-

Meter-Lulatsch, Hauptschüler, Heizungsbauer und leider arbeitslos. Ja, und seine Verlobte hat auch mit ihm Schluss gemacht. Als die Runde an mich kommt, stelle ich mich vor mit: „Abiturient" und „noch nicht anerkannter Kriegsdienstverweigerer". Ein Fehler: -Der denkt wohl, er sei was Besseres? Er kneift hinter der Brille seine Augenlider zusammen und schaut mich feindlich an. Fortan wird das kein Kinderspiel. Gol hetzt mich durch sein Reich. Auf dem Kasernengelände und auf dem Truppenübungsplatz kann er seinen Frust therapieren. Sucht mich, den feinfühlig „gebildeten" Weichling, gegenüber den Kameraden zu blamieren. Genüsslich, sarkastisch und mit lautem Unterton. Wo er kann: „Och, Kanonier Lichtenberg…"

Aber da ist noch ein anderer in der Runde, einer, der mich aufmerksam beobachtet. Er stellt sich vor und redet wie ich…Wer ist dieser Rekrut?- Ich werde als KDV automatisch zum K5 eingeteilt, das ist derjenige innerhalb der Panzerbesatzung der Artillerie-Haubitze, der wie ein fleißiger Wiesel schwitzend dem rollenden Ungetüm hinterher läuft, mit einer verdammt schweren Granate in den Armen. Doch es wird ihm, es wird ihnen nicht gelingen. Antreten. Ich „rödle", schwitze in meiner engen Uniform, ziehe hektisch am Rucksack die Laschen, schnüre die Stiefel und den Helm. Die Kameraden schmunzeln schon, weil ich wieder als letzter vor dem Kasernengebäude unserer Einheit in die Reihe trete. Bin dieses Tempo nicht gewöhnt, „mein Reich" bestand bisher aus Farben, Pinsel und Zeit. Die hat man hier nicht: „Hier

kann man ja noch nicht einmal in Ruhe scheißen!",
beschwert sich lautstark einer hinter der Klotür. Denn
schon wieder brüllen die Unteroffiziere zum Antreten vor
dem Gebäude, dauernd erschallen Befehle in den Gängen
und vor dem Haus. Einmal bekomme ich durch einen
Stabsunteroffizier, - etwa so groß wie ein Streichholz,
extra Nachhilfe auf dem Flur unserer Einheit. Er zerlegt
ein Schnellfeuergewehr und ich muss die Einzelteile
innerhalb von zwei Minuten wieder zusammensetzen. Er
stoppt die Zeit. Wieder und wieder bin ich zu langsam, bis
ich es endlich mit Müh und Not knapp schaffe. Wir sind
verpflichtet im Kasernengelände höhere Ränge
militärisch zu grüßen. Aber ich habe keine Lust dazu. Es
ist Pause. Mit Händen in den Taschen laufe ich an einem
kleinen Oberstleutnant vorbei. Schaue auf der
gegenüberliegenden Straßenseite bewusst von ihm weg.
Da erschallt seine beleidigte Stimme. Mit lautem
militärischem Ton befiehlt er zu mir herüber: "Kanonier
Lichtenberg!" Und jetzt muss ich im Laufschritt zu ihm
rüber und „Männchen machen". Er brüllt: "Ich werde
ihnen schon die Flötentöne beibringen!" Friederizianisch-
preußisch ist die Maskerade. Ich werde heute Mittag in
sein Dienstzimmer befohlen, „mit Marke und
Dienstausweis und gewichsten Stiefeln!" Dann wird mich
der kleine Giftzwerg mit dem Kranz aus Laub und Sternen
auf den Schulterklappen wie ein Aufziehsoldat vor ihm
auf-und abmarschieren lassen. Der große Oberstleutnant
ist immer noch beleidigt, weil ich seine Winzigkeit
übersehen habe. „Mit ihnen würde ich gerne einmal im

Feindeinsatz sein!" soll er einem Feldwebel verraten haben. Wir lachen über ihn. Wieder ist Aufsitzen. Abfahrt mit den Transportern zum Truppenübungsplatz nur wenige Kilometer von unserer Kaserne. Antreten vor den Lastwägen. Unser Zugführer gibt die Befehle. Da melde ich mich: "Kanonier Lichtenberg?"- „Herr Leutnant, ich verweigere den Befehl!" Denn ein noch nicht anerkannter Kriegsdienstverweigerer übt nicht einfach, Menschen auf Befehl zu erschießen, auch nicht Kameraden aus Pappe. Das würde bei der dritten Verhandlung vor Gericht schlecht kommen. Und die steht ja noch aus. Abgelehnt. „Aufsitzen!" Ich melde mich wieder. „Kanonier Lichtenberg?" „Herr Leutnant, ich verweigere den Befehl!" Da entgegnet der Leutnant, der dies Spiel anscheinend schon kennt, streng: "Kanonier Lichtenberg, ich habe die Pflicht ihnen mitzuteilen, dass ich sie fest-nehmen lassen werde, wenn sie ein drittes Mal meinen Befehl verweigern!" Kein Gericht verlangt, dass ich für meine Gewissensgründe ins Gefängnis der Kaserne einziehe. Und ich habe keine Lust auf eine Einzelzelle. Fahre zähneknirschend mit. Der Truppenübungsplatz ist mehrere Quadratkilometer groß: Baumgruppen, bewachsenes Feld, Hügel, Schützenstände und immer wieder Bunker. In einem von ihnen lauert der Feldwebel. Den kleinen Feldstecher vor den Augen angelegt, wartet er auf den nächsten Schuss. Wir stehen in der Schlange. Mist, bin von dem MG am Boden gerade durchgeschüttelt worden. Jetzt soll ich schon wieder den Abzug drücken. Will das alles nicht. Aber jetzt bin ich an der Reihe, soll den grauen Pappenheimer töten. Das kommt gar nicht in die Tüte. Denn in Wahrheit ist der rot. Wie wir wissen, sind das alles die Roten: Die Sowjetsoldaten. So hat man es uns in den politischen Filmen im staatsbürgerlichen Unterricht weiß machen wollten. Schieße also jedes Mal extra vorbei und darf mich solange wieder in der Reihe anstellen, bis ich aufgebe: Ich lege an, visiere auf mein Ziel und... treffe. Und zwar so gut, dass der Feldwebel mit seinem Feldstecher in der Hand jubelnd aus seinem Unterstand herausspringt. Er läuft auf mich zu und ruft: "Unsere Kriegsdienstverweigerer, das waren immer die besten Schützen!" – Hhm: Mahatma Gandhi bin ich nicht: Der hätte sich prügeln lassen und säße für seine Befehlsverweigerung jetzt schon im Bau....Einer von uns heißt „Liebchen" und stottert auch noch. Das ist *ein* Makel zu viel. Ihn trifft der Hohn der Unteroffiziere. Ich spreche mit ihnen. Auch in eigener Sache? Denn besonders sportlich bin ich ja eigentlich auch nicht. Beim täglichen Drill sollen wir uns einmal mit allem Kriegsmaterial „aufgerödelt" an der Grasnarbe mit den Händen nach vorne ziehen. Und wie uns befohlen wird, den Hintern schön unten halten! Sonst trifft ihn das feindliche MG. Die Unteroffiziere stehen wie die Wachhunde über uns. Sie schreien, sie pöbeln uns an und haben ihre höhnische Freude daran. Ich bin nicht der Schnellste. Das eigene Körpergewicht samt Rucksack, Stahlhelm, ABC-Tasche und Gewehr nur am Gras nach vorne ziehen. Während man ständig angeschrien wird? Ich fürchte zu versagen, komme wie die meisten an die Grenzen meiner Kraft.

Aber ich gebe nicht auf. Langsam und schwitzend, nur mühsam komme ich voran. Als ich ans Ziel gelange, dürfen wir uns ausruhen. Mir gegenüber im Schützenstand sitzt wieder der so andere Stubenkamerad. Er ist vollkommen fertig. Er schaut mich kurz an und blickt dann deprimiert auf den Boden. Doch für mich ist es auf einmal wie Licht: Ich bin inmitten dieses Wahns nicht untergegangen. Ich erlebe es, wie ich es erst Jahre später wieder erfuhr: Bei der Beerdigung meines Vaters. Es war wie eine Befreiung. Das Warten auf den Sarg war voller Licht und Freude. Der ständige Druck war endlich weg.- Wie die meisten von uns kann und will ich dieser Repression nicht Tür und Tor öffnen. Sie sollen mich nicht fertigmachen können. Abends plötzlich vor dem Gebäude unserer Einheit wieder „Antreten". Alles in Reih und Glied. Vor dem Zug unser Feldwebel. Große Show. Es wird auf die jetzt beginnende Truppenübung hingewiesen. Wir sollen mit den Lastwägen und Panzern auf unseren geliebten Truppenübungsplatz fahren. Staunen und Erschrecken in der Truppe. Die verhaltene Empörung ist groß. Nur Wenige haben ihren Rucksack dabei und darin Parker und warme Socken eingepackt. Wir Neuen hatten einfach nicht auf den Dienstplan geschaut. Der kommandierende Feldwebel aber grinst. Er ist unerbittlich. Außerdem klein und untersetzt, von Beruf Choleriker, ein Machtmensch. Er steht da wie ein Block, sein Gesicht krebsrot, wie eine rote Tomate auf dem olivgrünen Kragenspiegel. Wohl hält er was darauf, kein Kindergärtner zu sein. Unmissverständlich wischt er alle

Bedenken der Rekruten fort. Sein Kommando scheint für ihn Genuss. Markerschütternd laut donnert seine Stimme: „Aus!" Und wir sind die Hunde, deren Kinn dazu in der Reihe auf einmal gleichzeitig nach rechts schlägt. Unsere Panzerartillerie hat rote Litzen auf den Schulterklappen. Rot steht bei den Kameraden auch für „heiß": Geil nach Leistung und Beförderung. Alles wissen: Wir haben einen roten Hauptmann. Unser kleiner „Hauptfeld" will ihm wohl gefallen. Er wird von den Rekruten aber eher für eine „Wurst" gehalten. In einer Stube hängt an einem roten Faden eine Teewurst von der Decke. Sein Name erschallt mehrmals täglich in den Stuben: "Wuursst!!" Der fackelt nicht lange: „Aufsitzen!"

Der olivgrüne Tross fährt los, veraltet scheppernd und qualmend. Wir sitzen auf zugigen und stinkenden Lastwägen, manche rollen in stickigen und quietschenden Panzern. Es geht holpernd etwa eine halbe Stunde über Plattenstraßen und schließlich auf dunkle, sandige Wege. Doch werde ich das Gefühl nicht los, mich eher in der „Augsburger Puppenkiste" zu befinden: "Eins, zwei, drei, marschieren wir": Ich bin eine Marionette in der "Blechbüchsenarmee". Wirklich abschreckend sind wir nicht...

Angekommen, werde ich, der KDV, natürlich sofort zur ersten Nachtwache eingeteilt. Alle anderen suchen sich in den nach Öl stinkenden und verschmierten Panzern und Lastwägen irgendeinen Schlafplatz. Ich aber soll zusammen mit einem jungen Rekruten um die Stellung patrouillieren, mitten in der Nacht. Mit geschultertem G3-Gewehr laufen wir stundenlang unter dem Sternenhimmel um das Bunkergelände im Kreis. Mein junger Kamerad kommt gerade von der Schulbank und kann das alles nicht fassen. Er weint immerzu. Ich zeige ihm, wie schön der Mond über dem Gelände scheint, doch so etwas tröstet ihn nicht. Am Ende der Wache suche ich mir irgendwo einen Platz. Alles ist schon besetzt, - bis auf eine kalte Erdkuhle an einer Baumwurzel. Da lege ich mich vollkommen erschöpft hin. Weil auch ich keinen Parker dabei habe und friere, packe ich meinen ABC-Gummimantel für den Gasangriff aus und lege ihn an. Der hilft nicht viel, denn es ist Nacht und schon Ende September. Neben mir raschelt ein Zeitsoldat. Der hat zwei Parker dabei und wickelt mir einen gefütterten auf einmal um meine Stiefel. Ich erfahre: Das ist Kameradschaft. Wir werden Freunde fürs Leben. Mancher spricht mich an: "Paul, ich finde es toll, dass du verweigert hast. Das hätte ich auch gerne, aber dann hätte mich mein Betrieb nicht mehr zurück-genommen."

Ich bin nicht der eingebildete Abiturient, sondern bin einer von ihnen. Ich suche das Gespräch. Mein widerständiger Mut scheint bei manchen Eindruck zu machen. Nach einem 10 Kilometer Gewaltmarsch finde ich als erster wieder zusammen mit einem Kameraden in die Kaserne zurück: Man hatte uns irgendwo im Gelände mit Karte und Kompass abgesetzt. Jetzt kann mir der Unteroffizier nichts mehr anhaben. Der Kriegsdienstverweigerer ist jetzt nicht nur der beste Schütze, er ist auch noch der beste Marschierer. Das gilt etwas in dieser Männergesellschaft.

Großvater, hattest du deinen Sohn in diesem Moment wirklich zum ersten Mal gesehen? Was sahst du in ihm, als er so da stand, am Gartentor, die Brust voller Orden? Aufeinmal den Statthalter deines Namens? – Ja, er hatte auch das schwarze Verwundetenabzeichen. Aber das war nicht wichtig. Schau hin: Was er in diesem Augenblick bei dir suchte, war die Heilung einer viel tieferen Wunde…

War das denn nicht jetzt wirklich „männlich"?

Was ist das?

Nachts im Stockbett der Kaserne schwere Bilder. Wie aus einem fernen Land voll Vergangenheit, voll von großer Not. Mit dem Glanz von Wahrheit, die kaum je so stattgefunden hat. Schwindende Erinnerungsbilder, gestreut im Wind: Sandkorn zwischen Fingern, eines so wahr wie andere viele. Wusste er, was er erzählt? Ich weiß nur noch, dass er alle lebend nach Hause gebracht hatte, auch seinen Freund „Schorsch", der seine Beine verloren hatte. Einer seiner Kameraden der zwei Panzer, die er befehligt hatte. Hatte er ihn nicht gerettet? Es ist meine Fantasie, geronnen zu fremder Zeit, wie Schaum von einem anderen Meer, von unendlichen Schmerzen, mit seiner Stimme und seinem Geruch, getrocknet in der Flucht der Jahre. Ich hab sie irgendwo gefunden und vermischt zu neuen Geschichten, zu Bildern von meinem Vater. Ich malte ihn hundertfach, tausendfach zum

Helden. Doch ich habe ihn nie gekannt. Darum wurden sie irgendwann zu meiner Geschichte. Ja, jetzt ist es ganz die meine:

Schorsch ist in ein Minenfeld geraten, liegt bewusstlos in einem See aus Blut, daneben zerfetzt seine Beine. In den Panzern schreien sie panisch durcheinander. Seine Kameraden stehen unter Schock. Ich bin Leutnant und habe Angst und zittere. Doch dann springe ich von meinem Tiger und renne auf das Minenfeld zu. Plötzlich werde ich aus dem Hinterhalt beschossen. Ich muss mich schmeißen, kann nicht weiter, versuche wieder zu robben. Meine Männer verkriechen sich in den Panzern und schießen aus vollen Rohren zurück. Sie rufen: "Paul, komm zurück, du bringst dich um." Doch ich laufe wieder gebückt in den Spuren meines Kameraden. Ich habe keine Wahl. Ich kann Schorsch nicht einfach verbluten lassen. Und wenn alles vergeblich ist? Dann werde ich halt sterben. Habe so viel Tod gesehen, der Tod ist überall. Er glotzt mich aus den stinkenden Leichen gefallener Soldaten an. Er hockt in meinen Kleidern, in meinen Knochen und Muskeln. Alles riecht danach. Ich laufe mechanisch durch die Salven, durch sein dunkles Reich. Ich habe einen eisernen Überlebenswillen. Schorsch muss leben! Es dauert eine Ewigkeit. Dann höre ich Stöhnen und Schreie. Ich werfe mich wieder hin, robbe heran, packe ihn. Mein Kamerad ist schwer wie ein Sack. Ich krieche und ziehe ihn langsam mit seiner dicken Blutspur nach hinten. Bleibe immer wieder erschöpft liegen, während die Salven rattern. Dann kann ich nicht mehr. Die anderen springen auf, schießen zurück und bringen mich mit ihm im Kugelhagel hinter die Wägen. Sie binden Schorsch in einem See aus Blut mit dem Verbandszeug die Strümpfe ab und weinen. Ich bin blutverschmiert und übergebe mich auf die Reifen.

Ideale kann man nicht erfüllen. Weil sie uns in Wahrheit nur knechten. Ob männlich oder nicht, niemand hat mir gezeigt, wie schön es sein kann, einfach man selbst zu sein. Wie gut es ist, seine Kraft zu genießen und wieviel Würde darin liegen darf, auch mal schwach zu sein. Nein, hier ist alles aufgeblasen. Schwäche wird schon gar nicht akzeptiert. Hier gibt es von Berufswegen nur echte Männer und wahre Helden. – "Ich will Leistung sehen!": Damals war da bei mir nur Scham und Verstummen…Jetzt hab ich doch „Leistung" gezeigt. Ich habe einen großen Durchhaltewillen und vielleicht sogar mehr Mut als andere. Ich kämpfe mich voran. Aber du siehst es nicht, Vater, jetzt noch viel weniger. Und irgendwie bin ich immer noch anders als die anderen…

Im staatsbürgerlichen Unterricht melde ich mich und diskutiere mit den Unteroffizieren über die Gründung der Nato. Irgendwann nimmt man mich nicht mehr dran. Als wir die Geschossarten unsere Panzerhaubitze zu lernen haben, bin ich im Protest. Ich lese auf meinem Platz in einem kleinen Büchlein lieber die „Paulusbriefe", als etwas über die „A(tom)-Granate" zu lernen. Aber ich bin nicht ganz allein. Da ist dieser Kamerad auf meiner Stube, ein angehender Medizinstudent. Jetzt weiß ich: Der denkt eigentlich genauso wie ich. Und auch er findet diesen ganzen Affenzirkus unerträglich und will nicht mit irgendeiner Waffe in der Hand "Rambo" spielen. Selbst politisch stimmen wir überein.- Warum er nicht wie ich verweigert hat? Ich verstehe es nicht. Er will nach der Grundausbildung ins Sanitätsbattalion versetzt werden. Auch er ist widerständig, hat schon öfters im "Bau" geschmort. Das ist der Zellentrakt der Kaserne. Dort wo die sitzen, die am Montagmorgen nicht zum Dienstantritt erschienen sind oder den Befehl dreimal verweigern…Eigentlich ist er auf eine Art noch renitenter als ich. Auf dem Marsch ist er aussortiert worden, weil er statt der vorgeschriebenen 15 Kilo Marschgepäck, bestehend aus G3-Gewehr, Stahlhelm, ABC-Schutzmasken-Tasche, Wechselkleidung, Nässeschutz, Waschzeug, Zeltbahn, Essgeschirr, Wasserflasche, Klappspaten, Taschenmesser, Verbandspäckchen…, im Rucksack nur eine Prinzenrolle und eine Dose Cola eingepackt hatte. Auch jetzt sitzt er im Loch: Beim Antreten hatte der Spieß zu ihm gesagt, er könne auch mal wieder zum Friseur gehen. Seine Antwort „Sicher nicht" verschaffte ihm die Eintrittskarte zur Zelle. Einmal sagt er hinterher zu mir: "Ich dachte, du holst mich da raus!" Er wird mein guter Freund. Man will mich trotzdem in die Offizierslaufbahn locken. Das hätte meinem Vater bestimmt gefallen. Doch ich lehne ab. Als ich nun ebenfalls zum Manöver abrücken soll, informiere ich meinen Anwalt. Der will dies mit Hinweis auf das laufende Verfahren vor dem Landesgericht in Hamburg verhindern und holt am Telefon gerade Luft. Doch der bereits informierte Hauptfeldwebel unserer Einheit lenkt sofort ein. Also werde ich nicht zum Offizier, sondern zum Saunawart befördert. Ich bereite für die Offiziere der verschiedenen Einheiten innerhalb der Kaserne das Schwitzen vor. Besser als selbst zu schwitzen, beim Schleppen der Panzergranaten und an der Grasnarbe.

Aber das alles ist mir zu wenig. Auch Franz will jetzt endlich was unternehmen. Wir lesen dasselbe Buch, die Autobiographie des blinden Franzosen, das ich ihm nach einer Reise weiter geschenkt habe. Wir wollen wie „Lusseyran" einst in Paris innerhalb der „resistance" Widerstand gegen die Nazis leistete, selber gegen die atomare Aufrüstung kämpfen. Als Soldaten gegen den Nato-Doppelbeschluss! Wir werden vor der Kaserne Flugblätter verteilen. Und wir bereiten sie zwischen den Saunagängen vor. Die Sauna ist unser konspirativer Treffpunkt. Mein Freund ist inzwischen innerhalb der Kaserne von der gemeinsamen Grundausbildung in die Sanitätseinheit versetzt worden. In der Pause kommt er aber weiter zu mir. In geheimer Mission tritt er in die Sauna ein: In silbergrauer San-Uniform, mit schmalen Aktenkoffer in der Hand. Darin befinden sich stapelweise unsere Flugblätter. Mit der Überschrift „Der Russe" und einem Titelbild auf der ersten Seite von einem Rotarmisten, der finster über den Horizont blickt. So wie die rote, bedrohliche Sonne des Kommunismus, die über ganz Europa aufgehen will. Ein Wahlkampfplakat der CDU nach dem Krieg. Darunter leiten wir unsere Kritik an diesem Feindbild ein. Den „Russen" gäbe es nicht mehr. Wir verweisen in unserem zweiseitigen Flugblatt auf normale russische Bürger, drucken die Übersetzung eines russischen Friedensliedermachers ab und berichten über die DDR-Friedensbewegung „Schwerter zu Flugscharen". Nach einiger Begutachtung sind wir zufrieden. Das haben wir gut gemacht, obwohl es „den Russen" eigentlich noch nie gegeben hat...

Am nächsten Morgen, einem Montag, wird es von uns beiden vor der Kaserne verteilt. Eiliges Ankommen der Rekruten, Aufregung, nervöse Blicke der Wachen. Das Blatt geht von Hand zu Hand. Verbreitet sich wie ein Lauffeuer in der Kaserne. Aber man kann uns nichts anhaben. Es geht gut über die Bühne. Keiner nimmt uns fest. Denn wir halten uns an die Dienstvorschriften. Wir wollen die Diskussion in der Kaserne. Also Verteilung bei den Wachhäuschen vor dem Gittertor, inmitten der Wiederkehrer in der Dunkelheit noch vor Dienstantritt und nicht in Uniform. Doch am nächsten Tag werde ich selbst in meiner Einheit zum Hauptmann zitiert. Der ist zornig, denn er ist ja „rot". Anscheinend gefährde ich seine Karriere. Er eröffnet mir im persönlichen Gespräch: „Sie werden ihre dritte Verhandlung vor Gericht verlieren. Ich selbst werde dafür sorgen, dass sie als Kriegsdienstverweigerer nicht anerkannt werden, sondern durchfallen." Dann steht der Kasernenpfarrer auf dem Plan. Er zitiert meinen Freund und mich zu sich: „Ich kämpfe auch gegen den Krieg. Aber doch nicht so!"- Und schließlich hat der militärische Abschirmdienst MAD auch noch ein Wörtchen mitzureden. Mein Freund und ich werden von zwei kleinen (…) freundlichen Herren nacheinander verhört. Man hält uns für heimlich eingeschleuste Mitglieder des SDAJ, der Jugendorganisation der DKP. Doch mit denen haben wir nichts zu schaffen. Nicht „Hammer und Sichel", „Schwerter zu Pflugscharen" ist unser Motto! : Wir sehen uns als Christen und wollen aus solcher Verantwortung handeln. Unsere Flugblätter haben wir mit unserem eigenen Taschengeld gedruckt. Aber irgendwie wohl für diese Beamten verdächtig gut gelungen. Wir sind stolz und man lässt uns anscheinend in Frieden. Wenn ich inzwischen wieder auf Besuch bei meiner Mutter bin, frage ich mich, ob nicht unsere Telefonleitung zeitweise abgehört wird. So aufgeheizt ist das allgemeine Klima der Angst vor dem Atomkrieg in dieser Zeit. Doch es naht der Tag der dritten Verhandlung vor Gericht. Und es reicht. Habe in diesem Affenkäfig jetzt bald ein Jahr zugebracht. Bin bereit alles auf eine Karte zu setzten. Ich weiß: Wenn ich jetzt wieder vor Gericht durchfalle, werde ich 2000 Mark Gerichtsgebühr zahlen müssen. Die ich nicht habe. Denn so etwas wie eine soziale Unterstützung durch den Staat ist mir nicht gewährt worden. Es gibt viel zu viele KDV -Prozesse in dieser Zeit.

„Ach, zwei Seelen wohnen in meiner Brust." Denn einerseits fühle auch ich mich jetzt wie ein Held: Ich habe trotzdem die ganze Bundesrepublik Deutschland verklagt. Andererseits bin ich doch Kriegsdienstverweigerer und kämpfe gegen die militärische Welt meines Vaters. Das

ist eine geheime Last und ein schmaler Grad. Es ist so widersprüchlich wie das Leben, wie wir Menschen sind.

Als ich im Gerichtssaal sitze, verliest der Staatsanwalt der BRD seine lange Anklageschrift. Was für ein Affenzirkus! Geht das denn immer weiter? – Warum füttert diese Leute eigentlich niemand? Mit wahren Ideen, mit der Frage, warum wir als Menschen eigentlich auf diesem Planeten sind. Er versucht meine politischen Gründe der Verweigerung herauszustellen. Denn so etwas wird in dieser Zeit von vornherein nicht anerkannt. Die Richter und Schöffen aber schmunzeln. Längst habe ich eine 10-seitige Begründungsschrift verfasst, kopiert und an alle Schöffen und den Richter verteilt. Inzwischen weiß ich wie der Hase läuft. Erfolgreich berichte ich darin von Gewissensqualen, weil ich in meiner Jugendzeit meinen Wellensittich töten musste, als er sich quälte und natürlich von meiner Gewissensnot beim Bund. Der Andere, der Kamerad und inzwischen gute Freund, wartet mit Ausgehuniform vor dem Gerichtssaal. Er will für mich extra als Zeuge auftreten. Das hätte sicher Eindruck gemacht... Aber er muss gar nicht mehr in den Gerichtssaal hereingebeten werden. Ich werde zu 100% anerkannt. Tonnen fallen ab... Es ist geschafft! Am nächsten Tag tritt unsere Einheit wieder vor dem Gebäude an. Der Spieß fragt die Soldaten: „Sonst noch was?" Da melde ich mich, sage kurz, dass ich gestern vor Gericht als Kriegsdienstverweigerer anerkannt worden bin. Ich habe den Nachweis. "Links raustreten!" Spind ausräumen, Kleidung und Material abgeben.

Als ich das Gelände endlich wieder in Zivil verlasse, steht vor dem Kasernentor in ihrem Häuschen nur noch eine Wache. Niemand hatte mich nach meiner „Hundemarke" gefragt, ein kleines Blech-Medallion. Jeder Soldat trägt es permanent als Kette um den Hals. Praktisch: Wenn man tot ist, hat es extra eine kleine Ketten-Schlaufe an einer Perforierung. Daran kann man die Marke brechen. Man hängt die eine Hälfte jetzt einfach an den großen weißen Zeh der Leiche zur Identifizierung. Dann glänzt das Blei silbern, blau-grau…Ich nehme also diesen abartigen Teil vom Hals, trete vor die Wache im Häuschen und breche sie vor ihren Augen, werfe alles in den Abfalleimer daneben und verlasse diesen gestörten Ort.

Und mein guter Freund? Er bleibt und wird zu seiner neuen Stammeinheit versetzt, in eine andere Stadt. Wir halten Kontakt. Als später der Irak-Krieg tobt, bekomme ich von ihm Post: Auch er hat jetzt den Kriegsdienst verweigert. Jahre später ist er Mediziner und ich Lehrer in der Jugendhilfe. Es wird eine lebenslange Freundschaft.

Vater, ich verlasse deine Welt. War es das, was dich ausmachte oder noch viel Schlimmeres? Wieviel weniger durftest du damals anders sein, als die anderen. Oma meinte, du hättest Daumen lutschend im Schützengraben gelegen.

Wurdest du darum ein Held?

Wir brauchen Idealisten

Ich verstaue meine wenigen Habseligkeiten in einem kleinen, metallgestützten hölzernen Eisenbahn-Container. Er steht zwischen den Parkplätzen vor dem Eingang 5d an meinem Hochhaus. Hier bin ich aufgewachsen. Hab zwischen Stockwerken, Kellern, Wiesen und Gebüschen meine Kindheit verbracht. Hoffentlich wird er vom Lieferdienst der Deutschen Bahn noch vor meiner Ankunft an der neuen Adresse abgestellt. Da drin ist das Nötigste, vielleicht nur Gerümpel. Ich weiß nicht, was mich erwartet und was ich alles einpacken muss. Aber da ist dieser dicke braune Frottee-Bademantel meines Vaters. Irgendwie ist er in den Jahren bei mir gelandet, da ich selbst wohl keinen besaß. Natürlich ist er einige Nummern zu groß und ich versinke in ihm, aber für mich riecht er noch nach ihm. Ich wickle ihn um Lampe und Bücher. Alles andere hab ich heute vergessen. Weiß nicht mehr, was ich alles einpackte…Nur diesen Mantel, nur diese Wärme meines strengen Vaters, wenn er da war und mich auch mal in den Arm nahm, voller Güte. Wenn ich als kleiner Junge plötzlich auf seinem großen Bauch meinen Kopf ablegen durfte… Ich ziehe also fort von der Großstadt meiner Kindheit, weit weg von meiner ewig kranken Mutter und meinem strengen Vater, fort zu den bewaldeten, sonnigen Hügeln im Westen Deutschlands. Ich gehe in die weite Welt. Ich, das ist ein 22- jähriger junger Mann, der die Rest-Zeit seines Zivildienstes in seiner Heimatstadt nun abgeschlossen hat, nachdem er am Ende einer einjährigen Dienstzeit bei der Bundeswehr vor dem Verwaltungsgericht in Hamburg als Kriegsdienstverweigerer anerkannt worden war. Ich schließe also den eisenumrahmten Deckel und breche auf. Denn ich weiß, ich bin willkommen: Dort, wohin ich umziehen will, war ich schon öfter eingeladen. Besonders einer erwartet mich.

Im Urlaub machte ich dort auf einer meiner Wanderungen Halt… Ein Waldcafé im Grünen, geborgen unter Bäumen. Ich packte mein geliebtes Buch aus. Es war groß und dünn. Ich fühlte seinen Umschlag wie aus gelbem Stoff mit der Zeichnung eines „Kleinen Prinzen" in der Mitte. Ein Geschenk meiner guten Freundin an mich, zu ihrem Abschied nach Alaska. „Antoine de Saint-Exupéry" begleitete mich. Am Nebentisch wurde gelacht. Zwei Frauen. Ich hörte Geschichten aus Afrika. Sie dagegen bemerkten meine Literatur. Der Gesprächsfaden wurde geflochten. Von Tisch zu Tisch. Zwei Schwestern des Vinzentiner-Ordens auf Urlaub. Vielleicht deswegen so zivil im Auftreten. Nonnen hatte ich mir wirklich ganz anders vorgestellt. Ihre natürliche und unkompliziert-freie Art erweckten meine Aufmerksamkeit. Bald saßen wir an einem Tisch und meine Tore gingen auf für ihre Er-zählungen. Sie berichteten über ihre Arbeit in einem kirchlichen Entwicklungsdienst in Tansania. Die ferne Welt eines fremden Kontinents geriet in meinen Blick, spannend und voller Begegnungen. Der Großstadt-Junge hörte staunend zu. „Ja, wenn sie Afrika so interessiert, dann kennen sie sicher Pater Drechner ...Nein, nicht? Was? Den kennt hier doch jeder! Pater Drechner hat für ein paar Jahre Urlaub von seiner Missionsstation in Kinshasa in Zaire. Er ist jetzt in Haiterburg. Den müssen wir ihnen unbedingt vorstellen." Und schon stand die Verabredung für den nächsten Tag. Wir wollten morgens zusammen in den Nachbarort wandern, wo man mir den Pater vorstellen wollte. Doch der Termin platzte: Ein Missverständnis. Ich kam zu spät. Zum Glück erinnerte ich mich: Im selben Ort musste auch das Heim der Vinzentiner-Innen sein, in dem sie Urlaub machten. Also wanderte ich die stillgelegte Bahnstrecke entlang. Meine Route ging nach Haiterburg. Belaubte Hügel, feuchte Wiesen, weiter hinten Autos auf der Landstraße. Kalte Geschäftigkeit, Vögel zwitschern, Plätschern eines Baches neben mir, bemessenes Tasten der Füße auf Holz-Metallplanken. Im Abstand zu klein für einen ganzen Schritt. Schritt für Schritt, konzentriertes Gehen, Einsamkeit.- Wie oft ging ich allein. Nach etwa einer Stunde Fußmarsch auf den Gleisen gelangte ich in die Oberstadt dieses kleinen alten Ortes. Ganz verträumt, wie ich. An den steilen Felswänden eines Flusses lag er und wartete auf mich. Im Tal alte, bunte Fachwerkhäuser rund um einen Platz und kleine Kirche versammelt, andere an einer langen Steige am Berghang. Wie die Perlen einer Kette aufgereiht. Eine Straße schlängelte sich durch den Ort. Abgesehen von seltenen Lastwägen, kaum hörbar. Am Hügel gegenüber thronte das große Schloss mit seiner barocken Kirche. Jenseits wie diesseits des Tales ist alles umrankt von einem grünen Gürtel aus Bäumen, Wegen und Büschen, in denen im Mai der Flieder weiß blüht. Keine großstädtische Hektik, kein Straßenlärm. Nicht regnerische Kälte und Dunkelheit, - ein Hort der Sonne. Selbst die schwere und schwüle sommerliche Hitze der Mittagszeit war erfüllt von weltabgewandter Ruhe. An diesem Ort war die Zeit einfach stehen geblieben. Mich empfing ein idyllischer Friede. Ich war ein unverhoffter Gast und betrat nun in der Oberstadt das kleine, unscheinbare Kloster, überraschte die Nonnen beim Mittagsmahl. Sie liefen auf einmal ganz aufgeregt durcheinander, ein Bienenschwarm in weißen Gewändern. Die beiden Schwestern erkannten mich wieder. Sie freuten sich, dass unser Wiedersehen doch noch gelingt. Man holte die Schwester Oberin heran. Die musterte mich und begrüßte mich freundlich. Es wurden ein paar Worte gewechselt. Man lud den Wanderer zum gemeinsamen Essen an der langen Tafel ein. Und schon im nächsten Moment spazierten wir drei Urlauber unter einem großen Nonnen-Schirm im Regen herunter zum Heim der Afrika-Missionare, auf halber Höhe der Unterstadt. Auch dies hier, wie romantisch! Der Blick ging von dort herunter über das Tal und zum gegenüberliegenden Schloss. Als wir im Hof des großen alten Gebäudes aus der Kaiserzeit ankamen, fielen noch ein paar Tropfen. Doch schon leuchteten die weißen Wände wieder im Licht der Sonne und das große, metallene Afrika-Emblem des Ordens glänzte darin. Die Schwestern klingelten und der Pater wurde geholt.... Warten im Glück. Nach einer Weile ging die gläserne Pforte des Hauses auf und ein gut aussehender, strahlender Mann um die 50 kam heraus. Er lachte: "Vous ne pouvez voir avec le coeur. Ce qui est essentiel est invisible pour les yeux."- „Man sieht nur mit dem Herzen gut. Das Wesentliche ist für die Augen unsichtbar." Die Schwestern erzählten bei der Begrüßung dem Pater gleich, dass ich gerade den kleinen Prinzen lese. Pater Willi Drechner strahlte begeistert. Er sprach über Heimat und erreichte den Heimatlosen. Er sagte einfach: "Das Land seiner Herkunft im Deutschen einfach nur mit „Haus" zu übersetzen, ist zu wenig, "maison" bedeutet im Französischen so viel mehr, nämlich „Heimat"". Ich fühlte mich plötzlich wie ein Seefahrer, der angekommen ist. Mein Schiff war leck von den vielen Eisschollen im dunklen Meer. Aber nun war ich auf einer hellen, warmen Insel gelandet. Auf einem meiner Besuche bekam ich wieder ein Zimmer im Heim der Brüder, diesmal über dem Hof, unterm Dach. Doch Willi war noch auf Reisen. Als es schon spät war, hörte ich durch den Spalt des ge-geöffneten Fensters wie sein Auto vorfährt. Die Schwestern begrüßten den Superior und halfen ihm bei der Ankunft. Deutlich verstand ich jedes Wort:"Ist Paul schon da?" Es war das erste Wort, das dem Freunde galt...Ja, Heimat. Ich hatte sie gefunden. Dieser Mensch wäre für mich der bessere Vater gewesen. Er sah mich. Ich fühlte mich von ihm wertgeschätzt und erfuhr, was es heißt, willkommen zu sein: Willi fragte nach. Meine Herkunft, mein Leben und meine Gedanken, meine Person. Er nahm sie einfach in sein Herz auf. Als Superior des Hauses lud er mich immer wieder nach Haiterburg ein. Wie oft holte mich mein Freund in den folgenden Jahren mit dem Auto ab oder schickte seinen Mitbruder. Ganz selbstverständlich, wenn der junge Mann wieder einmal mit dem Zug aus Norddeutschland an dem kleinen Bahnhof im Nachbarort angekommen war.- Ja, hier war ich wirklich „Hans im Glück". Ich erlebte die schönste Zeit in meinem Leben. Im Missionsheim sah ich junge Menschen, die wie ich von Nah und Fern kamen, um dasselbe mit ihm zu erleben, um seine Begeisterung zu atmen, wenn er wieder Geschichten aus Afrika erzählte. Willi organisierte „Missionarische Jugendtreffen" und wir alle tranken das Licht, das von diesem Mann ausging. Wir hüllten uns in die Gastfreundschaft seiner Ordensgemeinschaft und hörten ihm zu: „Wir dachten, wir könnten diesen Afrikanern das Christentum bringen, aber sie haben es uns gebracht." Als Missionar zog er 10 Jahre lang durch die Slums der Hauptstadt. „Ich ging von Hütte zu Hütte und habe stets so viel Gastfreundschaft erfahren. Sie haben für mich ihr letztes Huhn geschlachtet...Nicht die Länder Afrikas, sondern Deutschland ist das eigentliche Entwicklungsland!"..." Hier ist es so langweilig. Die Häuser sind immer verschlossen, in Afrika sind sie immer offen." Willi litt unter solcher Verschlossenheit auch bei manchen seiner alten Mitbrüder. Er, der ein Entbindungsheim in seiner Mission aufgebaut hatte, wünschte sich, dass die Afrikaner in Deutschland wieder in ihre Heimat zurückkehren und dort mithelfen, ihre Kultur aufzubauen und christliche Gemeinschaft zu leben. Er hätte am liebsten jedem einzelnen von ihnen zugerufen. „Wir brauchen euch!" Er liebte Afrika über alles. Für ihn waren „die Afrikanischen Dichter Propheten" und es war für ihn dringend nötig, diese Schätze den deutschen Christen zu vermitteln. Immer wieder sprach er auch in seinen vielen Predigten in verschiedenen Kirchen von Afrika.- Eines Tages bekannte er mir: "Wenn ich nicht genau gewusst hätte, dass es meine Berufung ist, Priester zu sein, hätte ich eine Afrikanerin geheiratet!" Willi aber war ein Mann Gottes. Er brannte wie eine Fackel. Er steckte uns alle an. Seine Geschichten bewegten uns. Einmal in den Ferien erzählte er mir ganz beeindruckt von seinem Besuch bei einem Mitbruder in einer anderen Mission: "Er lag mit dem Gesicht und ausgebreiteten Armen auf dem Boden vor dem Altar und rief laut: „Herr, sage mir, wie ich dir noch besser dienen kann!" Jeder Tag barg für uns ein neues Erlebnis aus seinem Leben. Bei einem furchtbaren Unfall im Dschungel etwa, bei dem die vorderen Transporter des Konvois in den Fluss stürzten, wäre er ans Ufer gerannt, um die ertrunkenen Brüder aus dem Wasser zu ziehen. Hatte er nicht versucht, ein Gemeindemitglied aus dem Feuer zur retten? Der Darm des Toten hätte sich auf seine Hose entleert. Willi war bereit, sein Leben für seinen Glauben zu opfern….Ich schenke ihm meine Geschichte:

Es ist schon Mittag, Sonntag-Mittag in der kleinen Kirche in der Unterstadt. Der Gottesdienst ist gerade vorbei. Der Gebetsraum ist leer. Auch der Messmer ist schon gegangen. Alles riecht noch nach Weihrauch und Kerzenwachs. Genug Zeit bis zum gemeinsamen Mittagessen mit den Mitbrüdern im Missionshaus. Willi schiebt die schwere Sultane an der Bügel-Stange im Kleiderschrank wieder zurück, schließt die Tür. Die Schlösser am Köfferchen knacken. Da fällt ihm das Seitenschiff ein. Dort ist Licht. Es bricht sich gerade sonnig im Mosaik des kleinen gotischen Fensters und wirft Farben auf den Steinboden vor der Gebetsbank. Willi hat Kopfschmerzen. Der Tag gestern war lang. Er war sehr müde, aber die Mitbrüder baten ihn noch von Afrika zu erzählen, von seiner Zeit auf der Missionsstation von Kinshasa. Und heute Morgen gleich der Gottesdienst. Er stellt seine Tasche neben der Gebetsbank ab und kniet auf ihre Polsterung. Hier im kleinen Raum ist er lieber, als vor dem großen Altarraum auf der dunklen Holzbank. Denn da hängt zentral das große geschnitzte Kruzifix an der Wand. Seit er als junger Priesteramtsanwärter seinen ersten Besuch in Afrika absolvierte, mag er es nicht mehr: Dort sind die Figuren wie von Kindern geschnitzt, so viel lebendiger, manchmal sind die Kreuze sogar bunt, geradezu fröhlich. Jesus hat dort immer ein Gesicht. Er ist ein Mensch aus dem Volk, mit großen Augen und mit offenem Herzen. Dem Himmelreich so viel näher. Hier in Deutschland sehen alle gleich aus. Diese Christusse sind keine Menschen, das ist Massenware. Typisch tot und seelenlos. Vor dieser dunklen, magersüchtigen Figur mit finster-schmerzverzerrter Mine könnte einem schlecht werden. Aber das bemerkt hier ja keiner. Er kniet lieber vor der kleinen bunten Pieta. Ihr Sockel ist über ihm an die Wand geschraubt. Auch sie leuchtet im Licht des Fensters. Er hat vor einer halben Stunde für alle die Segnungen gesprochen, aber da pocht ein Schmerz in seiner Brust. Wie eine Wunde. Als er nun den toten Gottessohn auf dem Schoße der Gottesmutter erblickt, wirken beide eigenartig lebendig. In ihre Farben mischen sich auf einmal ferne Erinnerungsbilder, die glänzen im Regen, die riechen: Nach Frische, nach Leben und Verwesung, nach Dschungel. Sie werden langsam größer, sie tauchen ihn in ihre Welt. Da ist es ihm auf einmal, als würde es bestialisch stinken... Nach menschlichem Kot. Er schaut an sich herunter.- Oh Gott! Alles ist voller Kot! Seine ganze Hose! Das Polster unter dem Knie, das Holz. Er springt plötzlich voller Ekel von der Gebetsbank auf und schreit. Er schreit durch den leeren Kirchenraum.- Nein, da ist niemand, nur wieder diese Bilder. Sie überfallen ihn, manchmal mitten im Beichtgespräch oder in fröhlicher Runde, wie gestern Abend: „Über der Urwaldlichtung hatte sich dunkel die Gewitterfront zusammen gezogen.... Der Regen fängt mit einzelnen, dicken Tropfen an. Erst auf der Holzveranda, auf den Blechdächern. Dann dieses Prasseln. Überall. Er wird immer heftiger. Auf dem sandigen Dorfplatz bilden sich Wasserpfützen. Wind kommt auf, wird stärker. Es fängt zu stürmen an. Das Licht nimmt ab. Die zentrale Bretterwand mit den Anschlägen kippt um und klatscht auf die schmutzigen Lachen. Palmenwedel fliegen durch die Luft. Es donnert. Kaum einer im Missionsdorf traut sich *mehr heraus. Auch Willi steht an der offenen Tür und sieht heraus. Er denkt an seine vielen afrikanischen Mitbrüder in ihren Hütten. Alle sind plötzlich wie nackt, ohne Schutz. Auf einmal zucken Blitze. Gewaltig, ohrenbetäubend und immer näher. Die Abstände zwischen Donner und Einschlag werden kürzer. Da tut es einen Schlag und kurz darauf flackern aus einem der Häuser auf der anderen Seite des Sandplatzes Flammen. Unruhe entsteht, Hilferufe sind zu hören. Willi rennt vor das Missionshaus in den strömenden Regen. Schon steht eines der einfachen Behausungen hell in Flammen. Schreie sind zu hören. Auch aus den anderen Häusern laufen die Nachbarn herbei. Sie holen Wasser, bringen vom Brunnen gefüllte Eimer herbei. Da stürzt ein Junge aus dem brennenden Haus. Er schreit, ruft nach der Mutter, zeigt mit großen, rollenden Augen immerzu zurück auf die Flammen. Auch der Vater fehlt, das kleine Geschwister-Kind!- Willi stürzt an ihm vorbei auf eine Wand aus Rauch zu. Hinter ihr muss der Eingang liegen. Alle schreien aufgeregt durcheinander. Man warnt ihn, er solle bleiben und nicht hereingehen...- Halt! Was soll das? Ist das real? Ich meine, die meisten Brandopfer ersticken im Rauch, bevor sie, eingeschlossen im Haus, verbrennen...Ging er wirklich hinein? Oder zögerte er und es waren andere, die sich als erste vorwagten und ihm, als sie wieder heraus kamen, nur die Leiche übergaben?- Aber das ist egal. Wäre ich da, ich würde mit ihm rennen, verschwände an der Seite meines Freundes im flackernden Nebel. So, als wären wir nie getrennt worden. Irgendwie hatte er Recht:*

Letztlich zählt nur die Tat.- Gibt es in solch einer Situation tatsächlich Wichtigeres als das Leben?- In meiner Geschichte zögert Willi also nicht. Jetzt läuft eine Gruppe Männer hinterher. Man sucht mit ihm auch das Kind. Alte, Frauen und Kinder stehen im Regen vor den Flammen. Manche zittern vor Angst. Es dauert eine Ewigkeit. Dann sind Schatten zu sehen. Einer nach dem anderen stolpe aus dem dunklen Eingang heraus ans Licht. Aber nur einer trägt eine dunkle Gestalt: Es ist Willi.. Er ist grau und hustet. Auch er zittert. Sein Gesicht und seine Haare sind voller Ruß. Seine Last ist schwer. Die Männer wollen sie ihm aus den Armen nehmen. Aber er gibt ihn nicht her. Wie ein Film-Held schleppt er diesen Menschen mit letzter Kraft zu den Wartenden. Es ist der junge Gemeindehelfer. Seine Glieder hängen schlaff herunter. Jetzt steht ein Kreis um die beiden. Alle sehen: Es ist der Vater des vermissten Kindes. Als Willi ihn mit Hilfe der anderen auf den Boden legen will, entleert sich sein Darm auf seine Hosenbeine. Er ist tot. Der Sohn schreit und weint, fasst den toten Vater an der Hand. Der Priester geht vor dem Leichnam in die Knie. Wo ist die Frau? Die Mutter, die Ehefrau war vom Fluss zum Dorf zurückgerannt, als das Unglück hereinbrach. Jetzt läuft sie herbei und schreit und schlägt sich immerzu an den Kopf. Denn auch für das kleine Kind ist keine Hoffnung mehr: Das Haus versinkt in den Flammen. Sie wird ohnmächtig. Sie ist wie tot. Alle klagen, weinen und beten zusammen. Man bringt den Pater in eine Hütte, legt ihn dort auf ein Bett und zieht ihm die Schuhe aus. Er ist ganz blass und wie besinnungslos.

Als Leiter der Mission hatte er den Vater erst vor einem Monat dazu bewogen, mit seiner Familie auf die Station im Urwald zu ziehen. Dieses Haus war noch frei gewesen...Ein riesiger Schmerz legt sich über das Dorf, unermesslich groß wie der dunkle Himmel. Am nächsten Tag gibt es einen Trauergottesdienst. Man tanzt um den mit Steinen und Blumen geschmückten Kranz der Flammen mit weiß angemalten Gesichtern, auf den Wangen den schwarzen Strich der Trauer, vom Lid zu den geschlossenen Lippen. Drei Tage und drei Nächte brennt das Feuer. Die Ahnen werden angerufen. Sie geleiten die Seele. Die Trommeln verkünden ihre Gegenwart. Man muss extra Wächter bestellen. Sie laufen während der Trauerzeremonie der wie besinnungslos schreienden Ehefrau und Mutter hinterher. Sie will nur sterben, aber sie verhindern, dass sie sich etwas antut." - Willi schaut die Figur an. Er faltet die feuchten Hände und hat Tränen in den Augen.-Warum musste das alles geschehen? Er versteht es nicht. Wo bist du Gott? - Zweifelt auch er manchmal an seinem Glauben? Noch einen Augenblick. Dann geht er.

Manchmal nahm mich Willi in den Arm. Dann war er voller Güte. Als ich ihm einmal erzählte, dass mich seine Mitbrüder für zu idealistisch halten, antwortete er entschieden: "Wir brauchen Idealisten, wir brauchen Utopisten!" Und deshalb bat er mich, auf einem der Jugendtreffen über meine Arbeit als Zivildienstleistender mit behinderten Menschen zu sprechen. Er schlug mir vor, als „Missionar auf Zeit" selbst für ein paar Jahre nach

Afrika zu gehen. Mein freundliches und offenes Wesen begegnete seinem großen Herzen. Was uns miteinander verband, war der Glaube an das verborgene Herz der Menschen.- Und mein eigener Vater? Der wohnt nicht mehr daheim. Nach seinem Kontaktabbruch thront er auf einem dunklen Hügel, unerreichbar und geheim, irgendwo in der Großstadt. Kenne ihn nicht, weiß nichts von seinem Leben. Weiß nicht, wer er wirklich ist. Mein Vater, der Held. Ich hatte es fast vergessen. Beim Auszug gerät mir sein Foto in die Hände. Mein Vater so alt wie ich. In Uniform mit Orden. Auch er rettete Menschen. – Der Lieferdienst der Bahn wird meinen Container an meiner neuen Adresse abstellen. Ein Zimmer zur Untermiete und ein Job im Ort sind schon organisiert. Ich schaue aus dem Fenster des Abteiles hinaus. Der Zug fährt in den Nebel herein. Auch ich bin ein Held und breche ins Ungewisse auf. Ich weiß nicht wie alles wird, ich weiß nur, da ist einer, der alles vorbereitet hat, der mich erwartet. Ich komme an und beziehe mein Zimmer. Doch der Besitzer der örtlichen Schlachterei schlägt mir nach der gemeinsamen Besichtigung meines neuen Arbeitsplatzes die Autotür vor der Nase zu. - Nein, hier ist keine Sonne mehr, diese Halle ist so dunkel und es stinkt. Ein geheimer Widerwille regte sich. Ich stellte eine unhöfliche Frage."Wenn sie nicht schaffen wollen, dann fahren sie halt wieder nach Hause!" Der so von mir Geprellte fährt in seinem Mercedes mit quietschenden Reifen davon. Da stehe ich also auf einmal ganz verlassen in der weiten Welt... "Ich hatte ihn ja nur gefragt, ob es dort im Eck der

Halle, wo ich arbeiten soll, auch so nach Fleisch riecht…"Als ich Willi am nächsten Tag davon erzähle, ist er milde empört: "Was hast du gemacht? Das kannst du ihm doch nicht sagen!" Doch ich falle weich in die Arme der katholischen Kirche. Auf Vermittlung des Stadtpfarrers erhalte ich dieses Mal aber doch noch einen Job in der ortsansässigen Brauerei. Die Wochen vergehen, die Arbeit ist hart, beim Kisten-Schleppen und Fässer-Rollen am Bierwagen oder im Akkord am Fließband. An Wochenenden besuche ich weiterhin das Missionshaus oder man sieht sich bei Gottesdiensten. Es ist ein Schock: Willi will gehen. Ich höre, dass sich Pater Drechner entschieden hat, nach Afrika zurückzukehren. Er hat Asthma und sein Arzt hat ihn vor dem feuchten Klima Kinshasas gewarnt. Aber Willi sagt: „Ich halte es hier einfach nicht mehr aus". Er ist nicht mehr zu halten. Vergeblich bittet ihn sein bester Freund zu bleiben. Bei einem meiner letzten Besuche sehe ich ihn am Abend des Jugendtreffens in der Nähe des Missionshauses am Feuer sitzen. Er sitzt abseits der Jugendlichen alleine und schaut in die Flammen. Ich erkenne meinen Freund fast nicht wieder. Sein Rücken ist krumm. Im Schein des flackernden Lichtes sind die Falten und Furchen an Augen und Wangen tief. Sein Blick ist ernst und das Gesicht wie um Jahre gealtert. Versunken wie in eine letzte Einsamkeit hockt dieser Mann da, so als wäre ihm in jenem Moment die Dimension seiner Entscheidung bewusst geworden: Das tödliche Risiko in den Dschungel zurück zu kehren, vielleicht denkt er auch an so viele Freunde und

Gemeindemitglieder, die er hier zurück lassen wird, Menschen die ihn brauchen. Es ist, als trüge er schwer unter diesem persönlichen Opfer. Am Ende einer meiner Urlaube hatte er mir einst jenes Abschiedsgeschenk gemacht, das ich beim Bund an meinen guten Freund weiterschenken werde: "Das wiedergefundene Licht" von „Jacques Lusseyrans". In dieser Autobiographie beschreibt der blinde Franzose, wie er einst als Junge sein Augenlicht durch einen tragischen Unfall verlor, wie er es aber in sich wiederfand, als er die Lebensfreude entdeckte. So wurde er als Blinder zu dem Leiter einer Widerstandsgruppe gegen die Nazis und nach dem Krieg zu einem Literaturprofessor. "Ich bitte dich, dies Buch zu lesen, und wenn du das was er schreibt akzeptieren kannst, dann lebe danach." Es wird jetzt sein Vermächtnis an mich. Diesmal schenke ich ihm etwas: Eine Bleistiftzeichnung. Das Gesicht des Dornengekrönten. Doch irgendwann später entdecke ich es in meinen Unterlagen. Er hatte vergessen, es mitzunehmen. Am Ende kommt der Freund nicht wieder. Monate später macht uns die Nachricht seines Todes fassungslos. Alle, die ihn geliebt hatten, verstehen nicht… Man hatte ihm bei seinem letzten Anfall in der Missionsstation noch das Sterbesakrament erteilen können. Dann wurde sein Sarg, hieß es, von hunderten von Afrikanern singend durch die Straßen getragen. Tausende verabschiedeten ihn in Gegenwart des Bischofs im Stadion der Hauptstadt. Später finde ich auf einer Kopie seines Briefes seine Zeilen an mich: „Wo ist er jetzt? Warum schreibt er nicht?"- Und er versucht mir noch zuzurufen: „Bitte, bleib einer christlichen Gemeinschaft treu." Denn Nachrichten waren vom Missionshaus über meine neuen Wege bis in den Dschungel vorgedrungen. Doch Willi kann mich nicht mehr erreichen...Noch als Schüler hatte ich einst mit meiner Klassenkameradin an einem Gottesdienst teilgenommen. Sie drehte sich in der Kirchenbank bei der Predigt auf einmal zu mir um und sagte: "Ich glaube dem kein Wort!" Sie ist es jetzt, die mir bei einem Besuch in meiner Heimatstadt triumphierend eröffnet, dass Lusseyrans Eltern eine esoterische Weltanschauung gehabt hätten. Afrika aber ist weit und die deutsche Kirche ohne ihn nur noch monströs, kalt und verstaubt. So vergesse ich den Freund und alles, was er für mich getan hatte. Ich vergesse unsere Gespräche und seine Hoffnung, dass ich ihm eines Tages auf seinem Weg nach Afrika folgen würde. Denn meine Schwingen haben inzwischen glühend-bunte Farben bekommen und ich fliege mit ihnen zu neuen, helleren Ufern.

Der erste Ritter

Als linker Ministrant betrete ich im Gewand den noch dunklen Raum, das Flämmchen meines langen Spans in der Hand schützend, als trüge ich in der Morgenfrühe den heiligen Gral. Der Raum ist noch nicht von der Dämmerung erhellt. Still, wie schlafend, liegt er im Geheimnis der Nacht. So als hätte er nur darauf gewartet, dass am Morgen in ihm die heilige Handlung beginnt, dass es plötzlich Geräusche und leise Stimmen in der Sakristei gibt und dann auf einmal die kleine Tür geöffnet wird und ein milder Kerzenschein ihn durch einen Spalt sanft erhellt. Ich schreite hinein, die drei Stufen hinauf zum Altar und zünde auf demselben von links nach rechts sieben Kerzen an. Bald schon bin ich es, der an Heiligabend vor der brechend vollen Kirche um 24 Uhr Mitternacht den verantwortungsvollsten Dienst zu verrichten hat.... Diesmal bin ich der rechte Ministrant. Auf diesem ruht die Bürde des reibungslosen Ablaufes des Gottesdienstes am Altar, vom Buchwechsel der Schrift auf dem Holzgestell, von der linken zur rechten Seite des Altars, bis zur dialogischen Bestätigung des Priesterwortes im stellvertretenden „Amen" der Gemeinde. Ich leihe dem heiligen Gottesdienst vor allen Anwesenden in der rituellen Antwort meine Stimme. Auch wenn die Gemeinde gerade nicht anwesend ist oder vielmehr durch mich mit all den unsichtbaren Verstorbenen im Raum, die ebenfalls schon ungeduldig auf diesen Moment gewartet haben. So, als wollten sie dort wo sie sind, wieder dies überzeitliche Licht trinken... Dieser ist, wie man uns sagt, von größter Wichtigkeit, selbst, wenn niemand im Gemeinderaum säße. Denn von ihm würden Wirkungen ausgehen für die ganze Erde. Wie oft laufe ich noch vor Sonnenaufgang den Hügel herunter. Ich will in der Frühe in dieser kleinen Kirche, zusammen mit einem zweiten Ministrant und einem Priester, einen Gottesdienst wie diesen verrichten.

Dies geht über Jahre. Doch eines Tages ist es so weit: Über uns wölbt sich in festlicher Abendbeleuchtung die weiße Saal-Kuppel des Priesterseminars. Wir, das ist die künftige Gruppe der Seminaristen. Junge Frauen und Männer aus verschiedenen Städten Deutschlands, sogar aus dem Ausland. Und heute ist der Tag der Einführung ins kommende Semester. Die Stuhlreihen sind gefüllt. Voller Spannung, aber still warten wir vor der Rednerbühne und sind beeindruckt von der Atmosphäre, von der Anwesenheit so vieler Priester, von der Leitung und Lehrerschaft der Ausbildungsstätte. Denn, es ist nicht irgendeine christliche Kirche, die ihre geistigen Wurzeln auf ihre antike Gründung in Rom oder allein aus der Reformation Martin Luthers ableitet, sondern, wie uns gesagt wird, eine moderne Kirche, ja eigentlich vielmehr eine Art christlich-esoterischer Gemeinschaft, die ganz anders, als die anderen weiß, wovon sie redet. Denn auch wir wissen ja schon, dass ihre Mitglieder anhand der Übungen ihres Gründervaters nach okkulter Erkenntnis der Weltzusammenhänge streben. So, wie dies mehr oder weniger alle tun, die in den Schulen und Behinderteneinrichtungen, in der Landwirtschaft, in den Krankenhäusern und der Universität der Bewegung arbeiten, zumindest die, die an die Sache glauben. Man glaubt eben nur, was man weiß oder was man *meint* zu wissen...

Da betritt auf einmal ein älterer Herr den Raum unserer Aufmerksamkeit. Sein Schritt ist klar, das Geräusch seiner gelackten schwarzen Schuhe auf dem Holz-Parkett fast hart. Seine schütteren, dünnen Haare sind weiß und über der gewölbten Stirn der Halbglatze straff zurückgekämmt. Er trägt Krawatte und einen grauen Herrenanzug. Seine rechte Hand hat er in die Tasche seiner Jacke geschoben. Der Daumen schaut über den Rand heraus. Er steht mit einem merkwürdig kühlen Lächeln da und blickt in die Runde der jungen Bewerber.Es ist Herr Schank, der Leiter der Priesterausbildung am Seminar. Ein Mann mit einer beeindruckenden Präsenz. Bevor er zu uns spricht, bewegt er leicht seinen ausgeprägten Kiefer in Richtung Ohr. Und während er überlegt, wölbt sich auf einmal seine Wange. Es wirkt, als wäre sein Gebiss von innen verschoben oder als arbeite seine Zunge schon von innen daran. Herr Schank weiß wie alle hier bei solchen Gelegenheiten um den Ernst der Stunde, um die „Weihe des Augenblicks" und er eröffnet nach unserer Begrüßung mit voluminöser Stimme den „Prolog" seines dramatischen Vortrags: Die Analyse der Weltsituation. Diese sei auf allen Ebenen des gesellschaftlichen und politischen Lebens zunehmend von Krisen geschüttelt. Eine Entwicklung, die, wie er klarstellt, in Wahrheit apokalyptische Anzeichen aufweise und nach einer grundlegenden Reform des geistigen, kulturellen Lebens verlange. Dieser "michaelische" Zeitenwechsel bedürfe einer Erneuerung des Christentums. So wie sie sich seit den 20iger Jahren nach ihrer Gründung in der Gestalt dieser modernen Kirche zeige. Einer Gemeinschaft, die die spirituellen Impulse der Gegenwart aufnehme. Es wäre dieser Geist einer neuen reformatorischen Verantwortung, der sich in der wegweisenden Arbeit ihrer Priester kundtue. Dann hält er inne und schaut uns an, als würde er zögern. Er hätte, so sagt er uns, sich gefragt, ob er in diesem Zusammenhange die folgende Begebenheit aus dem Leben des großen Priesters der Bewegung für religiöse Reform und Gründer des Seminars Herrn Täuscher erzählen soll. Aber er hätte nach reiflicher Überlegung, so teilt er uns mit, die Wichtigkeit derselben für die Bedeutung und Aufgabe des Priestertums unserer Zeit feststellen müssen. Die Blicke richten sich wie gebannt auf ihn. Er schenkt uns eine fantastische Geschichte ein: Herr Dr.Täuscher, ehemals evangelischer Pfarrer, Naturwissenschaftler, Zoologe,

Esoteriker, Urgestein der Bewegung, allseits verehrtes Genie mit faustischem Fluidum, ein Mann von dem man raunte, er hätte sich durch seine esoterische Schulung soweit entwickelt, dass er nun mit „Steinen sprechen könne", hätte sich einst bei einem seiner Reisen nach Ägypten in eine Pyramide begeben. Dort entfernte er sich nach einiger Zeit von der Besuchergruppe. Denn das Geheimnis besonders einer der Räume wäre ihm offensichtlich gewesen: So gab er dem begleitenden Araber einen Bakschisch, damit sich dieser vor den Eingang stellt, während Herr Täuscher den dunklen Raum betrat und sich in den dort befindlichen offenen Steinsarkophag legte. Denn wie er wusste, war dies kein normaler Bestattungssarg für Tote, sondern ein Ort der altägyptischen Einweihung. Priesterliche Hierophanten hatten dort einst am Sarg stehend den Todesschlaf ihrer Adepten überwacht. Diese aber hätten währenddessen bei geschlossenem Stein-Deckel durch ein kleines Loch in der Sarg-Wand aus einem gemauerten Luft-Kanal zur Außenwand der Pyramide gerade so viel Sauerstoff bekommen, dass sie zwar in eine Art Koma fielen, aber nicht starben. Während dreier Tage hätten diese Schüler sodann den sogenannten Einweihungsschlaf durch-gemacht. Eine Zeit, in der sie selbst zur Erkenntnis der geistigen Welt gekommen seien, d.h. zu okkulter Anschauung der Welt der Verstorbenen und der geistigen Hierarchien der Engel und Wesenheiten, etc…Bis sie vom

Hierophanten wieder erweckt worden wären. Und auf Herrn Täuschers Aufenthalt im Sarg bezogen, ergänzt der Leiter lapidar, dass dieser ihm hinterher berichtet hätte:

„Ja, es ging eigentlich gleich los!"

Der Eindruck auf uns ist mächtig: Das Urgestein des modernen Priestertums war wie ein antiker Held auf die Reise gegangen und hatte die geistige Welt erlebt. Er hätte, so wird uns mitgeteilt, wie einst die alten Ägypter bei vollem Bewusstsein seinen Leib verlassen. Dies sei, erklärt Herr Schank, die wahre Bedeutung des erneuerten Priestertums im 21. Jahrhundert, diese eigene Erkenntnis der geistigen Welt in die Arbeit als Priester einzubringen, aus eigener Anschauung seinen Auftrag wahrzunehmen, zur „Durchchristung" der Welt. Unsere Augen rollen in voller Größe. Es ist uns, als hätten wir in diesem Moment wie in einer Art geheimer Versammlung einen Blick erhaschen dürfen in das okkulte Geheimnis dieser Gemeinschaft. Wir wohnen keinem Freimaurer-Ritual bei. Nein, wir bilden selbst den zukünftigen Kern einer religiösen Erneuerung über Deutschland hinaus. Wir schaffen unter der Nachhilfe unserer vermeintlichen geistigen Mentoren einen Kosmos voller Bedeutsamkeiten, in der die eigene Wichtigkeit einen zentralen Platz bekommt: Auf einmal haben wir eine Lebens-Bestimmung, sind erfüllt von einer Aufgabe, die vor dem Hintergrund dieses Weltzusammenhangs scheinbar größer ist als wir…Dieser Tag ist anscheinend nun der verheißene Beginn eines beruflichen Weges, der sich schon so viel früher vorbereitet hatte: Nachdem ich nach der Rückkehr meines Freundes nach Afrika an einem katholischen Internat Latein studiert hatte, war ich an die nahe gelegene Universitätsstadt gezogen. Hier wollte ich nicht Theologie, sondern das Lehramtsstudium der Germanistik und Geschichte absolvieren. Doch mehr als die meist trockenen wissenschaftlichen Vorlesungen über Literatur und Linguistik, interessieren mich zu dieser Zeit die Vorträge der Priester meiner neu entdeckten Gemeinde. Denn ich kann mir zwar nun nicht mehr vorstellen, in der katholischen Kirche zu arbeiten. Aber der Wunsch, eines Tages vielleicht doch noch einmal in einer anderen Kirche selbst Priester zu sein, ist irgendwie lebendig geblieben. Schon seit einigen Jahren habe ich Kontakte zu Gemeinden dieser kleinen Gemeinschaft aufgenommen. In ihre Existenz hatte mich die Klassenkameradin schon in meiner Heimatstadt eingeweiht. Ich erinnere mich an die vollkommene Andersartigkeit dieser Kirche: Gleich am Abend meiner ersten Teilnahme, nicht weit von meinem Elternhaus, nehme ich in ihrer kleinen, randvoll besuchten Kirche an einem Totengedenken teil. Aber hier geht es um keine Fürbitten und um keinen Gräberkult. Beim Schein der sieben Kerzen auf dem Altar breitet der ältere und in der Bewegung beliebte Priester Johann Heimkehr vor uns die

Existenz einer „Geistigen Welt" aus und schließt mit einer Art Anrufung der verstorbenen Mitglieder der Gemeinde. Es wirkt so, als würde seine kleine hölzerne Predigt-Kanzel der Bug eines Schiffes im Meer des Jenseits sein. Ich bin begeistert und wie an meinen Stuhl gebannt: Hier weht ein anderer Geist, hier ist der Tod nur ein fast greifbarer Übergang in ein anderes Leben. Lebende und Verstorbene sollen ganz wie in den alten Kulturen eine Gemeinschaft bilden, die über das Zeitliche hinausgeht. Auch in Westdeutschland nehme ich also jetzt wieder verstärkt an den Gottesdiensten teil, deren mantrische Worte diese Wirklichkeit zu öffnen scheinen. Aber am Ort meines Studiums wartet noch ein anderes Schicksal auf mich: Meine Freundin aus der Zeit an der kirchlichen Lateinschule hatte ebenfalls in dieser Stadt das Studium begonnen und ehe wir uns versehen, sind wir Eltern geworden. Im Laufe der Jahre kommen vier kleine süße Kinder. Auf herzliche Weise wird unser außergewöhnliches Leben in der Studentensiedlung von zahlreichen Menschen begleitet. Ich studiere an der Universität die Fächer Germanistik und Geschichte auf Lehramt und belege natürlich nicht nur Pflicht-Seminare und Vorlesungen. Besonders Goethe hat es mir angetan. Ich vertiefe mich in sein Lebenswerk „Faust" und atme auf, wenn ich seine Sprache lese. Wieviel Weisheit! Kein Wunder also, dass ich hierüber meine Staatsexamens-arbeit schreiben werde: "Fausts Religion". Aus meiner idealistischen Begeisterung heraus aber verwandle ich meine gründliche wissenschaftliche Arbeit in eine weltanschaulich motivierte Schrift. Ich verfolge die einheitliche Idee des Dramas. Mein Professor sieht den Stil meines religiösen „Traktats" zwar kritisch, würdigt aber meine umfangreiche Leistung. Alles ist gründlich recherchiert und mit Anmerkungen belegt.

Ich bringe die Impulse meiner neuen spirituellen Gemeinschaft auch mit in unsere junge Ehe herein: Wir bekommen viel Besuch, auch die Haupt-Priesterin der Gemeinde kommt zu Trau-und Taufgesprächen in unser Studentenwohnheim: Wir heiraten in der Gemeinde und lassen unsere Kinder im Laufe der Jahre alle dort taufen. So gewinnen wir eine geistige und emotionale Heimat.

Wie schön diese Zeit mit den kleinen Kindern ist! Und wie dankbar ich für diese gemeinsamen Jahre bin! Ich habe unglaublich süße Kinder und eine Frau, die sich hingebungsvoll ihrer neuen Aufgabe widmet. Sie hat ein besonderes Talent für kleine Kinder. Und ich kann froh und glücklich sein, dass sie die Mutter von meinen „Vier" ist. Zuhause gestalten wir für die Kleinen die religiösen Jahreszeitenfeste. An Ostern steht ein selbstgefertigter bunter Osterbaum auf dem Jahreszeitentisch unseres Wohnzimmers. An ihm hängen in verschiedenen Reihen gestuft farbige Eier. Alles ist mit Zweigen vom Lebensbaum umwunden, die wir mit den Kindern am Tag zuvor im Wald geschnitten hatten. Am Ende dieser Wanderung mit dem Leiterwagen hatte es dort wieder Würstchen am Feuer gegeben. Wie schön ist jetzt unser österlicher Wohnraum! So fahre ich also einen Tag später in der Frühe mit meinem 9-jährigen ältesten Sohn mit dem Fahrrad wieder in den nahegelegenen Wald. Mit einem kleinen Melkeimer holen wir im Bach das „Osterwasser". Sodann werden bei unserer Rückkehr auch die jüngeren Geschwister mit einer Kerze und einem Osterlied geweckt: "Christ ist erstanden!". Nach dem Osterfrühstück aber zieht die kleine österliche Familie singend mit einem Holzleiterwagen an den Waldrand. Dort hat der Osterhase an den Bäumen natürlich schon die Eier versteckt. Wenn die Körbchen voll sind, rufen wir alle in den Wald. „Vielen Dank, lieber Osterhase!... Und sind doch froh, dass keine Antwort kommt. Wohl deswegen fragt der Älteste eines Tages, ob der Osterhase auch bei uns am Haus klingeln würde. An Weihnachten aber spielen wir mit ihnen mit kleinen Wollpüppchen neben unserem Tannenbaum die Weihnachtsgeschichte. Alles ist voller Kerzen. Meine Kinder und ich lassen die Püppchen vor der Krippe tanzen, während die Mutter mit der Gitarre dazu singt...Wir nehmen an all den wunderschön gestalteten Nachmittagen in der Kirche teil, den zauberhaften Gärtchen für die Kinder oder an Märchenvorführungen der Marionettenbühne: Wir bauen uns als junge Familie mit Hilfe der Priester ein warmes

Nest. Trotzdem werde ich in der Gemeinde aktiv. Bald gehöre ich in die Auswahl der Ministranten und helfe beim Putzen am Wochenende. Wenn ich vor dem Gottesdienst zusammen mir den Priestern in der Sakristei stehe, ist es mir als gehöre ich bereits zum inneren Kreis der Kirche. Ich bilde mit ihnen eine „geistige Phalanx". Denn als Ministrant für diverse Gottesdienste können sie auf mich zählen. Wie meine Frau nehme ich an unzähligen abendlichen Vorträgen ihrer Priester teil. Auf diesem religiösen Weg wird intensiv die Bildbetrachtung gepflegt. In zahlreichen Veranstaltungen der Gemeinde vertieft man sich anlässlich der verschiedenen christlichen Feste des Jahreskreises in deren religiöse Symbolik, empfindet wie Goethe die geistige Qualität von Formen und Farben. Ob es der Altar des Matthias Grünewald oder die Stiche Albrecht Dürers sind, selbst die moderne Kunst eines Josef Beuys wird auf beeindruckende Art und Weise entschlüsselt. In dieser Zeit entdecke ich eines Tages auf der Straße im Schaufenster eines verschlossenen Antiquariats eine alte Christus-Ikone. Das kleine goldgemalte Bild des Auferstandenen steht nah an der vergitterten Scheibe. Ich bin tief beeindruckt von dem Ausdruck seines schönen Gesichtes, von der Harmonie der Farben seiner Gloriole. Da bemerke ich auf einmal wie eine kleine Welle der Kraft von diesem Bild auf mich übergeht, so als hätte ich in diesem Moment eine Batterie angezapft. Doch der Zauber ist bald beendet. Meine natürliche Fähigkeit tiefer Bildbetrachtung erhält in dieser Zeit auf beeindruckende Art und Weise spirituell-religiöse Nahrung. Ob es ihre Christologie, die Lehre der Reinkarnation oder die Interpretation der Märchen der Gebrüder Grimm und der deutschen Geistesgeschichte ist: Ich sauge ihre weltanschaulichen Inhalte begierig auf und glaube zutiefst an ihre Wahrheiten wie an zeitgemäße Offenbarungen. Ich will unbedingt Mitglied werden. So kommt der Tag, an dem ich dafür mit wehenden Fahnen zunächst aus der katholischen Kirche austrete, die mir schon längst nichts mehr zu sagen hatte. Denn ich erkenne, dass es in Wahrheit nicht ihre veraltete Religiosität war, die mich in ihr gehalten hatte, sondern ihre beeindruckenden Priester-Persönlichkeiten. Statt in einer Kirche zu arbeiten, die wie zur Zeit des Mittelalters am Zölibat festhält und die ich als formelhaft und dogmatisch erstarrt empfinde, will ich selbst als moderner Priester und in höherem Auftrag einen lebendigen Umgang mit der spirituellen Dimension pflegen. Und hatte man mir nicht, wie vielen anderen jungen Männern und Frauen dazu Mut gemacht? Bei meiner Begrüßung vor den Gemeindemitgliedern als neues Mitglied scheine ich durch meinen längeren freien Vortrag über mein bisheriges Leben Eindruck zu erwecken. Ein Mitglied der Gemeinde meint zu mir: „Es gibt nichts Interessanteres als Biographien". Mein Idealismus ist nicht zu bremsen. Immer öfter werde ich als Ministrant angefragt. Längst gehöre ich zum inneren Kreis der Gemeinde. Ich stehe in der Kirche in engem Kontakt mit den dortigen Priestern und will auch die Schicksale der Gemeinde mittragen. So werde ich als Ministrant inzwischen auch zu vielen Beerdigungen von Gemeindemitgliedern bestellt, höre Rückblicke auf das Leben der Verstorbenen, verharre ich mit meinem weißen Gewand und dem Weihrauchgefäß an vielen Sarg-Gruben. Denn der Tod hat in dieser Gemeinschaft eine geistige Bedeutung und wird in vielen Vorträgen als großes initiatisches Ereignis beschrieben. Ja, mehr noch: Hier ist man entschlossen, den weltanschaulichen Kampf mit dem gesellschaftlich vorherrschenden Materialismus aufzunehmen. Durch reine Bewusstseinsarbeit, d.h. in der Teilnahme an den Gottesdiensten, Vorträgen und in geisteswissenschaft-lichen, wie in Evangelien-Lesekreisen, soll der Drachen bezwungen werden. Damit ist der gesellschaftliche Mainstream gemeint, der wie z.B. in der vorherrschendenen Medizin am Dogma der rein körperlichen Existenz festhält. All jene, die glauben, dass wir Menschen keine unsterbliche Seele besitzen, sondern nach unserem Tode nur „ganz" tot seien. Durch den Materialismus werden die Kräfte des Drachen gestärkt, mit denen sich die Menschen aus Angst vor dem Tod am Vergänglichen festhalten, anstatt das Irdische zu vergeistigen. Unser religiöses Vorbild hierbei ist der endzeitliche Kampf des christlichen Vorbildes aller

Helden. Gemeint ist wieder wie überall in der Bewegung der Erzengel „Michael", der den Drachen besiegt. Er wird in unserer Gemeinde in einer Vielzahl von Bildern verehrt. Sein Mythos wird als reales geistiges Ereignis auf unsere Zeit übertragen und bei jeder Gelegenheit entsprechend gedeutet. So reihe ich mich ein in einen „heldenhaften" Weltanschauungs-Kampf. Wie im Mythos des griechischen Helden „Odysseus" stehe ich geistig schon am Eingang zur Unterwelt, will mit allen Kräften meiner Psyche das Totenreich betreten...Das wird zu meiner Welt. Bin ich einfach nur zu lauter „Einbildungen" sensibilisiert worden?: Als Familienvater jobbe ich in den Semesterferien jahrelang auf der Pflegestation des Altenheimes. Wenn ich das Haus zum Dienst betrete, spüre ich oftmals eine starke saugende Kraft, als wollten sich die Heim-Bewohner ängstlich an dem bißchen Leben festhalten, das sie hier noch besitzen. Ich erzähle es einer Frau, die hier inzwischen auch leben muss. Ich kenne sie aus der Gemeinde. Sie meint: "Dass sie das spüren können." Oftmals ahne ich es 1-2 Tage vorher, wenn sie ins Zeitlose gehen wollen. Ich verstehe mich mit meinem Stationsleiter gut. Als Intellektueller ist er inzwischen ein überzeugter Atheist. Aber vom Herzen her erlebe ich ihn als tief religiös: Er versieht hier immer noch einen selbstlosen Dienst. Wenn wir auf Station zu zweit sind und es bei einem der 15 Bewohner ans Sterben geht, arbeitet er zwei- oder dreimal so viel und so schnell, um die Heimbewohner ins Bett zu bringen. Er schafft mir Raum: Denn dann werde ich von ihm an das Bett des Sterbenden gerufen.Wie oft bin ich einfach anwesend, halte die Hand oder lese still die „Ich bin"-Worte des Johannes-Evangeliums. Sie sollen eine Fackel sein, die den Gehenden auf dem Weg in die andere Welt leuchtet. Eines Morgens träume ich davon, als Ministrant auf der Hälfte eines Hügels einem Kindersarg zu folgen, um drei Wochen später erschreckt fest zu stellen, dass dieser Traum gerade Realität geworden ist. Ein Kind in der Gemeinde war im Ausland bei einem Autounfall gestorben und ich war zu dessen Beerdigung gerufen worden. Alles spielt sich so ab wie im Traum. Irgendwann frage ich die Priesterin, wie sie meinen Wunsch ans Priesterseminar zu gehen, beurteile. Sie sieht dies „positiv", ich müsse es aber „wollen". Ist es also ein Wunder, dass ich an jenem Abend wie all die anderen jungen Priester-Anwärter, die Ähnliches vollbracht hatten, hier unter der Kuppel sitze? Ich fühle mich auserkoren. Ich bin der „1. Ritter der Gemeinde". Wohl auf Empfehlung der Pfarrerin gehöre ich eines Tages auch zum intimen Kreis geladener Gäste am Priesterseminar, die dort mit dem alten Gründer Weihnachten feiern dürfen. Herr Täuscher sitzt in einem kleinen Raum unter dem Tannenbaum. An ihm sind ganz im Stil der Bewegung die kosmischen Symbole der Weihnachtszeit aufgehängt. Der Baum gleicht mehr einer runenhaften

Gestalt, als einem bürgerlichen Wohnzimmer-Schmuck. Wir, die jungen, zukünftigen Priesterseminaristen, hocken ehrfürchtig im Kreis um ihn herum und lauschen, als wäre dies der Tisch der Gralsritter auf der Artusburg. Denn nichts Geringeres erzählt uns der alte Gründer an jenem Abend als das „Weihnachtsmärchen". - Nein, hierbei geht es nicht um den Weihnachtsmann, sondern um eine esoterische Betrachtung der kosmischen Vorgänge in der Zeit zwischen den Jahren, die man auch als die „Raunächte" bezeichnet. Mich beeindruckt unter dem Kerzenschein der Zweige die Erscheinung dieses Mannes: Die riesenhafte Größe und fast bäuerlich anmutende, massige Schwere, mit der er im Stuhl thront, seine hohe, breite Stirn, seine ausgeprägte Knollnase über dem markanten Kinn, seine ruhige und kraftvolle Stimme, seine Präsenz. Als er mit der Geschichte endet, will sich ein Seminarist für „sein Weihnachtsmärchen" bedanken, worauf er nur erstaunt zurückfragt: *Mein* Märchen?- Doch für mich ist dies hier alles mehr als *märchenhaft*: Junge Männer und Frauen aus verschiedenen Berufen und Ländern suchen an diesem Ort im Sinne unserer esoterischen Weltanschauung eine ganzheitliche Ausbildung. Denn an diesem Seminar sollen wir, wie die Bewerber bei einer Führung mit Rundgang durchs Seminar erfahren haben, vorwiegend theologisch, künstlerisch und sprachlich ausgebildet werden. Alle sollen auch ein Instrument erlernen. Wir werden Vorträge hören und regelmäßig an den täglichen Gottesdiensten im Seminar teilnehmen. Ganz wie an meiner Heimatgemeinde wird geübt, sich mit voller Konzentration auf den mantrischen Klang der rituellen Worte des Gründers einzulassen. Meiner Frau daheim berichte ich begeistert von meinem ersten Eindruck.Und sie scheint zu diesem großen Opfer bereit: Während die Mutter meiner Kinder eine ganze Woche lang ganz allein für unsere gemeinsamen Kinder sorgen muss, werde ich in einer anderen Stadt zum Priester ausgebildet werden.

Verstünden wir die verborgene Weisheit etwa der deutschen Volksmärchen und ließen sie als Ratgeber für unser Leben zu, bräuchten wir keine „Märchen" mehr im Außen zu suchen: Denn sie beschreiben einen inneren Weg. Wir könnten endlich aufhören den kitschigen Glanz von „Hochzeiten" und das wunderbare „Geheimnis" besonderer Orte anstelle der Wirklichkeit zu setzen. Irgendwann zerplatzen die meisten dieser „Träume"wie schöne Seifenblasen.

Jahrzehnte später erfahre ich, dass sich nach dem Tode des Gründers des Priesterseminars herausstellte, dass dieser sein Leben lang seine NS-Vergangenheit verschwiegen hatte. Ein Historiker fand heraus, dass Herr Täuscher in seiner Zeit als Pfarrer der evangelischen Kirche während der Hitlerzeit für den Nationalsozialismus eingetreten war. Er muss dies so heftig getan haben, dass er von der

Kirchenleitung von seinem Amt befreit werden musste. Zudem hatte er sich 1939 um eine Mitgliedschaft in der SS bemüht. Über dem Seminar lag ab diesem Tag der lange und große Schatten seines Gründers. Und man hatte auf einmal seine liebe Not, sich von den Taten dieses Mannes zu distanzieren, der das Vertrauen der ihm Anvertrauten so schmählich missbraucht hatte…

Wahr-Traum

Gehe alleine durch eine riesige Erddeponie. Ein großes Gelände, Erdhügel verstreut wie Gebirge. Alles ist menschenleer. Ein Durchgang. An hohen Erdwänden befinden sich links und rechts über mir Holzverschläge. Wie hölzerne Kellertüren an einem Erdhochhaus sind sie in regelmäßigen Abständen in die Erd-Wand eingelassen. Es ist eine trostlose, drückende Einsamkeit in dieser Welt, als befände ich mich an einem gottesfernen Ort am Rande des Universums. Diese kleinen Holztüren sind Eingänge in Erdlöcher. In ihnen wohnen Menschen. Instinktiv weiß ich: Es ist der Ort der furchtbarsten Naziverbrecher, deren Taten sie nach dem Tod geradewegs in dieses dunkle Schweigen ewiger Einsamkeit katapultiert haben. An diesem finsteren Ort verstecken sich Verdammte, kauern verstummt und entseelt in ihrer Höhle, weil niemand es mehr ertragen könnte, ihr Gesicht je wieder zu sehen.

Das Drama

Der Priester

Der Entschluss ist gefällt. Nach meinem Lehramts-Studium setzte ich nicht wie alle meinen Weg mit dem Referendariat an einer staatlichen Schule fort, sondern belege das erste Semester am Priesterseminar. Die Wochenenden verbringe ich bei meiner kleinen Familie. Montagmorgens aber laufe ich wieder im Dunkeln mit meiner Tasche den Hügel der Stadt herunter zum Bus, um nach mehr als einstündiger Fahrt meinen Ausbildungsort zu erreichen. Wohl schlägt man in der Leitung wegen der finanziellen Folgen meiner zwei kleinen Kinder für das Stipendium,- ein drittes war unterwegs-, die Hände über dem Kopf zusammen. Aber in der Vorstellungsrunde der Seminaristen scheint mir der hervorgehobene Platz doch wieder reserviert: Es wird lobend erwähnt, dass ich der einzige unter den Studenten mit einer akademischen Ausbildung wäre. Man will wohl als Bafög-anerkannte Ausbildungseinrichtung dem Geist der Wissenschaft bloß nicht zu fern sein. Hatte doch der Gründer der Bewegung den esoterischen Weg zur „Erkenntnis höherer Welten" ausdrücklich als moderne „Geisteswissenschaft" deklariert. Anhand dieser etwas anderen Wissenschaft könne man zum Beispiel ein symptomatisches Verständnis der in der Menschheits-Geschichte und in der Literatur wirkenden geistigen Impulse entwickeln.- Apropos „Kampf mit dem Drachen": Hier bekommen wir besondere Waffen. Willkommen am Ort eines besonders heldenhaften Studiums!

Nachdem ich also mein kleines Zimmer bezogen habe, lernt unsere neue Gruppe der Seminaristen die Schule kennen. Zunächst unseren Ausbilder, Herrn Bügel. Sein Auftreten ist makellos. Hier sollen zukünftige Priester „geformt" werden. Als stellvertretende Leitung des Seminars muss er diese ideale Form wohl verkörpern. Wir folgen ihm durch die mit pastellfarben lasierten Gänge. Wir wandeln auf verschlungenen Wegen durch halbdunkle Flure und Räume des Seminars, als zögen wir durch die dunklen Gemäuer einer geheimnisvollen Burg: Vorbei am Bild eines Gralsritters, sodann am Mann mit Goldhelm, einer Kopie des Rembrandt-Bildes und vielen Darstellungen mehr: Überall werden wir an die Gegenwart der "Geistigen Welt" gemahnt. - Schon als Kind faszinierten mich die bebilderten Geschichten mittelalterlicher Helden. In einem alten, dicken, schwarz-goldenen Buch meiner Eltern, das ich in ihrem Bücherschrank fand, kniete auf einer Darstellung der junge Ritter „Parzival" vor der auf einem Steinsockel hell strahlenden Gralsschale. Wohl verstand ich noch nicht die komplizierte Erzählung, aber die Bilder sog ich wieder und wieder in mich auf. - Endlich kann ich diesen goldenen Faden wieder aufnehmen. Mein Inneres Kind jubelt. - Doch nun gelangen wir zum Ort der wissenschaftlichen Studien, der Bibliothek: Hier befindet sich der ganze Stolz dieses Mannes, der auf mich wie ein vergeistigter Asket wirkt. Der Repräsentant des Ideals ist mir nicht unbekannt, seine Rednergabe macht allseits Eindruck. Er ist geschult. Bei verschiedenen Anlässen hatte ich bereits seine Fähigkeit kennengelernt, selbst lange Reden frei und streng logisch gegliedert vorzutragen. Er bringt für jeden Aspekt seines entfalteten Themas anschauliche Beispiele. Er zieht jeweils einen Erkenntnisgewinn in Form eines einprägsamen Satzes. Indem er so für jeden Teil der Rede am Ende eine kleine Zusammenfassung bietet, weiß der Hörer inhaltlich immer, wo er gerade ist und was dieser Teil mit allen vorangegangenen zu tun hat. Alles wird am Schluss noch einmal zusammen wiederholt und in der Form eines Fazits auf den Punkt gebracht.- In der Tat vorbildlich! Es wird mich für meinen späteren Weg anregen. Ja, dieser Mann spricht in seinem ganzen Auftreten als Priester der Ein-weihungskirche so perfekt, dass er dem antiken Rhetoriker „Cicero" in nichts nach zu stehen scheint. Nur dass mir jetzt kein kleiner, untersetzter Römer in weißer Tunika gegenüber steht, sondern ein langer und feingliedrig gebauter Mann mit grauem Scheitel und schmalem Gesicht. Er wirkt eher wie ein perfekter Bankangestellter in einem makellos gebügelten Herrenanzug mit Krawatte. Ich bemerke, dass dieser Mann eigentlich ganz nett ist. Doch die ganz idealische Erscheinung so mancher Dozenten scheint eine bestimmte "überpersönliche", objektive Geisteshaltung verkörpern zu sollen: Das, was hier im Sinne der "Geisteswissenschaft" angestrebt wird, ist nicht das materialistische Verständnis der Wirklichkeit, so wie sie sich in den regulären Disziplinen der Universitäten findet. Es soll allein deren exakter analytischer Geist gepflegt werden, jedoch eingebettet in eine ganzheitliche Zusammenschau der Phänomene. So werden wir in die wissenschaftliche Literatur der einzelnen Regale eingewiesen und es dauert nicht lange, bis jeder von uns ein bestimmtes biblisches Thema im geisteswissenschaftlichen Sinne bearbeiten soll. In einer kleinen Rede haben wir es vor den anderen vorzutragen. Wieder werde ich hervorgehoben. Der Ausbilder bemerkt, dass meine Stimme als eine der wenigen auch den Letzten am Rande des Raumes erreicht hätte. Und der bisherige verantwortliche Leiter der hauseigenen Zeitschrift der Seminaristen, fragt mich, ob ich als Germanistik-Absolvent nicht daran interessiert wäre, die Redaktion zu übernehmen. Ich stimme zu. Der Mitstudent ist sichtlich erleichtert, die Verantwortung an mich nun abgeben zu können. Kernstück unserer Ausbildung aber ist natürlich die

Vermittlung einer modernen rituellen und meditativen Spiritualität: Sie betrifft unsere Teilnahme an den Gottesdiensten, sowie unsere Begleitung innerhalb einer esoterischen Schulung. Und was ist hier geboten! Ich staune über das, was mir begegnet. Eines Tages ist ein englischer Priester am Seminar zu Besuch. Als er mir die heilige Kommunion reicht, ist es mir plötzlich, als durchströme mich ein Wasserfall, der mich tief reinigt. Meine konzentrierte Offenheit scheint auf die Wirkung dieser mantrischen Worte zu treffen. Im persönlichen Gespräch mit Herrn Schank dagegen wird mir die esoterische Übung gegeben, ganz in meine Mitte abzusteigen: Ich soll mir den Weg herunter durch die Schichten der Erde unter mir imaginieren. Ich dringe also in meiner konzentrierten Vorstellung tiefer und tiefer. Da kommt es mir auf einmal vor, als wäre ich auf einer Art Wolke angekommen, die mich voller Frieden trägt. Alles, was mich vorher noch bedrängt hatte, liegt nun weit außerhalb und verliert seine Bedeutung. Der Leiter staunt über diesen persönlichen Bericht von mir und bestätigt meine Erfahrung klar und ausdrücklich. Hier scheint der Ort des Grals zu sein, der in der Lage ist, mir Türen zu öffnen... Die Hierarchie dieser Gemeinschaft ist stets sichtbar. Zwar behauptet man ganz modern zu sein, indem die Gemeinde die geistige Wirkung des Gottesdienstes allein durch ihre konzentrierte Teilhabe innerlich verantwortlich und aktiv trage und es im Gegensatz zur katholischen Kirche eine Gleichheit der Weihe bei allen Priestern gäbe. Aber all dies scheint in esoterischer Hinsicht irgendwie dann doch nicht zu gelten: Gibt es doch „Lenker", „Oberlenker" und einen „Erzoberlenker", deren Titel den Hierarchien der Engel nachempfunden werden. Als eines Tages der alte Mitbegründer des Seminars, Herr Täuscher verstirbt, wird er im großen Saal der Hauptkirche aufgebahrt. Sein Leichnam ist wie der eines Pharaos vor der Einbalsamierung zur Schau freigegeben und Massen strömen herbei, um ihn wie ein Satellit andächtig zu umkreisen. Einer seiner ehemaligen Kollegen, augenscheinlich auch ein Priester, steht vor ihn gebeugt, als wolle er an den markanten Formen seines Profils phänomenologische Studien betreiben. Und nicht lange darauf befinde auch ich mich mit allen Seminaristen auf dem Friedhof des Seminars. Es ist wie in einem beeindruckenden Film über das Mittelalter. Hier steht in unnachahmlicher Pose die gesamte Leitung in weißen Gewändern um den Sarg herum, als sei es eine Versammlung der Hierarchie der Engel. Ganz in der Gewalt des sakramentalen Wortes, kraftvoll gesprochen vom Oberlenker Herrn Schank, wird die Seele des Verstorbenen dem Licht zu überantwortet.- Wow! Wie anders ist dieser mächtige, selbstbewusste Akt, als die hilflosen Worte und einschläfernden rituellen Handlungen der mir bisher bekannten Kirchen. Hier stehen „Soldaten des Lichts". Sie tragen den „paulinischen" Harnisch der

Wahrheit. - Unsere ganzheitliche Ausbildung bietet auch eine gesunde vegetarische Ernährung und Gymnastik. Die jetzt hier gebotene Bewegungskunst spricht mich an. Sie ist ein ganz und gar harmonischer Tanz in leichten, farbigen Gewändern und geometrischen Formen. Er ist den Aufführungen an antiken Mysterien-Stätten nachempfunden. Desgleichen üben wir uns in Sprachgestaltung. Sie öffnet „Räume" der Physis. Dies wird später hilfreich sein für meinen Beruf als Lehrer. Wir spielen in den Arbeitsstunden auf dem Zimmer die Blockflöte usw., usf... Bald schon jedoch merke ich, dass zu unserer Ausbildung zum Priester auch eine genaue Beobachtung unserer Eigenart und unserer Entwicklung gehört. Denn auf allen drei Ebenen von Körper, Seele und Geist sollen wir zum selbstlosen Gefäß für die göttliche Wirklichkeit geformt werde. Das scheint bei uns jungen Anwärtern noch eher möglich zu sein, als bei den schon älteren aus anderen Berufen. Denn wir vertrauen, sind offen, beweglich und ehrfürchtig gegenüber den Älteren, gegenüber der scheinbar weisheitsvollen und erfahrenen Leitung des Seminars. Wir werden auf Schritt und Tritt beobachtet: Man beobachtet unser Auftreten, unsere Gedanken und wie wir sprechen. Man observiert uns beim Gehen, Sitzen, -ich lege das Knie öfters breit auf-, und beim Essen. Man nimmt unsere Art wahr, uns zu kleiden. Ganze Karawanen von Seminaristen bevölkern morgens, mittags und abends zwischen den Stationen der

Ausbildung und in den Pausen die Straßen in der Nähe des Seminars. Gibt es hier so etwas wie eine geheime Kleiderkammer, in der sie sich alle eindecken? Die Variation ihrer Hüte, Mäntel und Pullis, Röcke und Hosen, der farbige Ton all dieser „Hüllen" erinnert schon wieder an eine Marionettenbühne und ist doch eigenartig gleichförmig, fast uniform. Denn am Seminar trägt man üblicherweise weite Mäntel und in der Stadt einen Hut, als Schutz vor negativen Gedanken sowie als religiöses Symbol des „Be-hütet-seins". Die Pullis sind nicht gemustert, sondern am besten pastellartig, unifarben und weit. Bevorzugte Farben sind blau oder lila, rot wäre schon zu emotional. Sportlicher, sexuell aufreizender Schnitt der Hosen und Röcke ist natürlich out. Denn der „Neue Mensch" des höheren Bewusstseins ist der der oberen Chakren und endet gewissermaßen an der Gürtellinie. Alles, was darunter liegt, wird entweder gesund ernährt, als Bewegungsapparat tänzerisch oder gymnastisch gepflegt oder es dient, alter kirchlicher Tradition entsprechend, allein zur Fortpflanzung. Der Intimbereich als solcher wird wie überall in den verschieden gesellschaftlichen Bereichen dieser Bewegung tabuisiert und gilt ansonsten indirekt als dämonisch. Als ich einmal in der Mensa am Tisch sitze, nimmt wie aus heiterem Himmel unser Leiter Herr Schank auf den Platz neben mir Platz. Ich will gerade genussvoll meinen Nachtisch verschlingen, da schaut er mich plötzlich lächelnd von der Seite an und verlässt seinen Stuhl bald darauf wieder mit der Bemerkung, ich könne seinen Nachtisch haben...An einem anderen Tag bin ich in einer Art Vorraum gerade unterwegs zur Toilette, da erscheint ebenso urplötzlich aus einer Tür Herr Bügel und schneidet mir kurzfristig den Weg ab. Will er an meiner Reaktion den Grad meiner höflichen Verunsicherung testen? Doch ich reagiere im Ausweichen sehr viel schneller als er, sodass er fast über seine eigenen Füße stolpert. Esoterische Schulung hin oder her: Ich beginne mich hier unangenehm beobachtet zu fühlen. Hier gibt es keine menschliche Begegnung. Kaum eine Herzlichkeit, mit der man sich wohler fühlen könnte. Dieser Ort ist so kalt. Die Kontakte zu den Mitstudenten sind oberflächlich und sachbezogen, die Leitung ist ebenso distanziert und in ihrer Allwissenheit nicht greifbar. Es ist, als stünde zwischen jeder möglichen Begegnung eine Art unsichtbarer Glaswand. Überall steht man plötzlich einem Neutrum gegenüber, nicht aber einem Menschen mit einem persönlichen Antlitz. Über allem liegt für mich ein Schatten von scheinbar überlegener Selbstdarstellung und Konkurrenz. Ob Leitung, Lehrkörper oder Seminaristen, fast jeder in dieser "idealen" Welt scheint eine Maske zu tragen. Entweder als vollkommener „Vertreter" des „modernen Priestertums" oder als schon jetzt scheinbar perfekter Anwärter. Hier gibt es wenig authentische Menschlichkeit. Aber die Seminaristen marschieren mit.

Wissen doch gerade diese Studenten, dass das aktuelle Semester schon ihr letztes sein könnte... Bis dahin werden manchen Bewerbern zu ihrer "Erdung" Extrarunden verordnet, etwa in der Arbeit in der Industrie oder auf dem Bauernhof, bevor sie manchmal auch noch nach Jahren zurückkehren dürfen. Doch es ist bekannt, dass am Ende nur wenige Bewerber zur Weihe zugelassen werden. Nach jedem Semester geht es uns wie auf der "Reise nach Jerusalem". Es wird ausgesiebt. Dadurch entsteht für so manchen ein gnadenloser Druck und familiäre Angst. Haben doch nicht wenige ihre berufliche Laufbahn abgebrochen und sind mit Frau und Kindern in die Nähe des Seminars gezogen. Man versucht zwar seitens der Leitung auch für diese Bewerber gangbare Wege zu finden und überbrückt finanziell so manche Not. Aber bringt man wirkliches Verständnis auf für die emotionalen Belange studentischer Familien? Wohl ist die Leitung der Meinung, dass die Gemeinde-Arbeit als Priester später so viel segensreicher ist für Viele. Dafür gilt es berechtigter Maßen Opfer zu bringen. Eben auch für die Familien der zu Weihenden. Scheinbar setzt man unbedingte Unterordnung und Konformität voraus. Das allgemeine Ideal zählt: Die jungen Väter werden für ihre Ausbildung den Familien immer mehr entzogen. Priesterfrauen verwalten so entsagungsvoll den Leerplatz des Ehemannes und Vaters der Familie. Schon bald höre ich in der Mensa ein Gespräch mit an. Ein Bewerber, der schon im Weihe-Semester steht, erzählt, dass ihm von der Leitung untersagt worden wäre, zu der Konfirmation seiner Tochter abzureisen. Als stünde er in jesuitischen Gehorsam, wird von ihm verlangt, den okkult zutiefst bedeutsamen Strom der Vorbereitung der Weihe, so kurz vor diesem Schritt, nicht zu unterbrechen. Er aber leidet unsäglich unter diesem Verbot. Denn seine Tochter sehnt sich danach, ihn an diesem wichtigen Tag in ihrem Leben dabei haben zu können. Ich denke an meine eigenen Kinder und bin fassungslos. In dieser sozial kalten, versteinerten Atmosphäre beginne ich zu frieren, mein Gesicht schwillt an. Mein dunkles Zimmer hat für mich schon längst den Geschmack einer Einzelzelle mit goldenen Gitterstäben bekommen. Ich darbe nur noch bis zum nächsten Wochenende, an dem ich in das warme Nest meiner Familien zurückkehren kann. Ich bin erst im ersten Semester, aber mein Körper zeigt mir schon jetzt, dass ich mit meiner lebendigen Art mich zu bewegen und zu lachen, d.h. einfach zu sein, hier nicht hereinpasse. In einem weiteren persönlichen Gespräch mit der Leitung wird mir denn auch gespiegelt, dass ich als junger Mann zu „weich" sei, dass der Bewusstseinsgrad meiner Seele noch zu viel „Empfindung" besäße. Herr Schank nimmt offenkundig nur seine Verantwortung wahr. Und die besteht wohl für ihn darin, für die „richtige" Entwicklung seiner Seminaristen zu sorgen. Ich selbst aber finde an diesem Seminar mit meiner Eigenart keinen Raum.-

Ja, wirklich, Willi: Im diesem letzten Brief aus Afrika hattest du mich besorgt gebeten, „einer christlichen Gemeinschaft" treu zu bleiben. Ist dies wirklich eine ...?

Natürlich, auch diese Menschen möchten sich „spirituell" entwickeln, aber alles an diesem Ort ist irgendwie eigenartig. Hier gibt es keine ringenden Christen mit Grenzen. Diese Menschen scheinen keine Charaktere mit Fehlern und Schwächen zu sein, sondern sie sind nur noch "objektiv" und wollen anscheinend ganz wie ihre Weltanschauung „überlegen" sein. Viele von ihnen wirken so, als wären sie eine kleine Kopie ihres Gründers. Ihr Habitus besteht aus ständigen Reden. Sie glänzen als geistige Heroen. Ihr Auftreten scheint am verstaubten Persönlichkeitskult des 19. Jahrhunderts orientiert zu sein. Man zeigt sich so geschult, als wäre man selbst schon zum „idealen Besitzer" einer "höheren Wahrheit" mutiert. Ich habe es an diesem Seminar fast ausnahmslos mit gesichtslosen "Vertretern einer Weltanschauung" zu tun, wie sie typisch sind für ideologische Gemeinschaften. Dies gilt auch für Priester, die ich aus meiner jahrelangen Gemeindearbeit persönlich kenne, sie werden mir als Dozenten am Seminar in ihrer plötzlich „überpersönlichen" Loyalität eigenartig fremd. - Es naht die Geburt meines dritten Kindes. Und ich bin entschlossen an diesem Tag dabei zu sein. Als Vater will ich mich anders als mein Mitseminarist nicht für meine Abreise aus dem laufenden Semester von der Erlaubnis der Seminarleitung abhängig machen. So ersuche ich um ein Gespräch mit Herrn Schank. Kaum, dass ich in seinem Bureau vor seinem Schreibtisch Platz genommen habe, eröffne ich: "Anfang August ist der Geburtstermin meines dritten Kindes. Ich möchte ihnen mitteilen, dass ich an jenem Tag bei meiner Frau sein werde." Die Reaktion der machtbewussten Leitung kommt prompt. Herr Schank zögert nicht: "Ja, Herr Lichtenberg, wenn sie uns dies einfach so mitteilen, ohne uns dafür nach unserem Einverständnis zu fragen, - und Sie sind mit uns ja für ihre Ausbildung ein Vertrauensverhältnis eingegangen, sage ich ihnen hiermit, dass Sie ein Semester zurückgestuft werden. Wir hatten sowieso den Eindruck, dass für ihre Entwicklung auch rein physisch andere Grundlagen gelegt werden müssen." Das ist ein Schlag, den ich in dieser verständnislosen Härte nicht erwartet hätte. Hiermit ist für mich der Bruch vollzogen. Ich packe meine Sachen und fahre ab. Der kluge Vermittlungsversuch meiner guten Stadt-Pfarrerin, die zutreffend bemerkt, dass „Weichheit" auch „Beweglichkeit" bedeuten würde und dass die älteren Männer der Leitung selbst keine Familie besäßen, dass sie daher sicherlich manches nicht nachvollziehen könnten, kommt zu spät. Hier habe ich es tatsächlich mit einer „Kirche" zu tun, die zwar immer betont mit der Öffnung des Priesterberufes für Frauen in der Tradition der protestantischen Reformation zu stehen, deren kleri- kale Führungspositionen aber wie überall vorwiegend von

„unbeweglichen" Patriarchen wahrgenommen werden. Sie scheinen in ihrer dogmatischen Grundhaltung erstarrt zu sein und gebrauchen unnachgiebige Macht.

Jetzt, da ich dies schreibe, taucht sie wieder auf, die alte Wunde, der kindliche Schmerz des unerreichten Ideals: Bin einfach zu „weich" und „empfindsam". Wir alle tragen solche Wunden, die uns das Leben geschlagen hat. Wunden, die entstehen, weil wir wie unsere Kritiker an Idealen festhalten, die nicht zu erreichen sind. Verdrängte Wunden, die sich wieder öffnen, wenn diejenigen daran rühren, die nichts von unserer Vergangenheit wissen. Und wir haben es gelernt, diesen alten Schmerz immer wieder zu betäuben mit den verschiedensten Mitteln. Wir schieben ihn aufs Neue fort, anstatt diese Zeichen unserer Seele ernst zu nehmen und in ihr selbst nach Heilung zu suchen. Denn wo der Schmerz schlummert, steht auch das Heilmittel bereit. Für mich ist das der Frieden, den wir finden können, wenn wir, unabhängig von unseren eigenen Bewertungen, im eigenen „Schatten" das unerlöste Potential entdecken, das sich nie entfalten durfte. Unsere Psyche ist es, die so selbst den Ausgleich sucht, die wieder heil („ganz") sein möchte, indem wir unsere Individualität weiten. Dafür habe ich gelernt, diesen Schmerz anzunehmen. Indem ich ihn hineinfühlte, entdeckte ich, dass die "Weichheit und Verwundbarkeit des Herzens" in Wahrheit das Tor zu essentieller Stärke, zur Kraft des Mitgefühls ist, das uns erst zu wahren

Menschen macht. A1) -*Vor meinem inneren Auge erscheint wieder das „Missionshaus": Wie anders Willi war. Er lag als religiöser „Held" zwar noch auf der Linie meines väterlichen Ideals. Denn auch mein Vater hatte als junger Offizier an etwas geglaubt..., aber dieser katholische Priester war um ein Vielfaches menschlicher. Er hatte mich einst in meiner Andersartigkeit einfach angenommen, so, wie ich war. Er hatte verstanden: „Annahme" dessen was ist, ist die Grundeigenschaft echter Spiritualität. So konnte er die Größe meines „Herzens" entdecken und traute mir genauso Mut und Kraft zu, ihm als Missionar nach Afrika zu folgen. Warum nur hatte ich mir mit dieser Ausbildungsstätte eine ausgesucht, die mit der „Welt meines Vaters" so viel Ähnlichkeit besaß? Bei ihm war es eine mörderische Schmiede, die mit ihrer menschenverachtenden Ideologie so viele junge Männer in den sogenannt „Heldentod" geschickt hatte. Diese aber hier hatte auch ihre ganz eigene Brutalität. Nur dass sie nicht das „Hakenkreuz" im Schilde führte, sondern den „Kelch höherer Erkenntnis", symbolisiert im offenen Totenschädel. Wie weit hatte die religiöse Sehnsucht diese Männer und Frauen gebracht? Ihr verständlicher Wunsch, im eigenen Leben einen höheren Sinn und Bedeutung zu erfahren, hatte merkwürdige Blüten getrieben: Denn für die Schulung ihrer angehenden Priester waren sie augenscheinlich bereit, über seelische Leichen zu gehen. Ich erinnere noch, wie mein Vater am Telefon hellhörig wurde, als ich ihm als junger Mann in der gebräuchlichen „geisteswissenschaftlichen" Wortwahl dieser Kreise von meinen Ausbildungszielen erzählte. Er fragte erschrocken: „Junge, bist du hier in einer bestimmten Schulung der Sprache?" - Mein Vater war HJ-Führer gewesen. Manchmal frage ich mich, ob er als solcher sogar an einer „Napola"-NS-Elite –Schule Schüler war. Dort, wo „die zukünftigen Statthalter eines weltweiten Großdeutschen Reiches" ausgebildet werden sollten. Irgendetwas schien ihn in diesem Moment zumindest an den Ungeist der HJ zu erinnern. – Wie ähnlich hier manches in der Tat ist: Irgendwie hatte sich mein Muster wiederholt. Schon wieder befand ich mich wie ein „Kriegsdienstverweigerer" in einer uniformierten Gesellschaft mit quasi „militärischen" Idealen. Denn der Anspruch, junge Menschen zu einem höheren „spirituellen" Bewusstsein auszubilden, indem man dafür die Weltanschauung des Gründers wie eine Art „Backform" zu Hilfe nimmt, muss am Ende genauso mörderisch wirken. Es ist die Vergewaltigung der Individualität der Seele. Ich bin überzeugt, dass sich unsere Seele von Natur aus nicht gerne in vorgefertigte Bilder und Ideale zwängen lässt. Es sei denn, die Angst vor einem Leben in Freiheit zwingt sie selbst dazu. Nein, es gibt für die meisten von uns dies tiefe Bedürfnis, in unserem Leben die persönliche Eigenart, den ganz eigenen individuellen*

Ausdruck zu finden und schätzen zu lernen. Ich glaube, in dieser freien Entfaltung möchte sich unsere Seele selbst begegnen. Genau so möchte sie in der bewussten Vertiefung ihr „Wesen" erfahren. Hier kann auch eine künstlerisch sensitive Seele wie die meine die eigene Kraft entdecken...Weltanschauliche Masken und Uniformen aber ersticken diese seelischen Bedürfnisse. Sie verschütten, verstellen und erwürgen echte Wesensbegegnungen. Sie missbrauchen Seelen, indem sie ihnen Verhaltens- und Denkmuster aufzwingen. So hinterlassen sie „Weltanschauungs-Soldaten", aber wohl kaum Frieden oder Glück für den Einzelnen. Möge er oder sie sich am Ende „Priester", „Erzoberlenker" oder sonst wie nennen...Wem aber von diesen priesterlichen Lehrern könnte man den Glauben absprechen, so etwas Gutes für diese jungen Priesteramts-Kandidaten und für die Welt zu bewirken? Jeder Einzelne von ihnen war sicherlich davon überzeugt gewesen, eine wichtige Mission zu erfüllen. Die Vielfalt der ganzheitlichen Ausbildung, ihr unermüdlicher Einsatz für die Sache verdient Achtung. Was dort alles unterrichtet wurde, war einmalig, doch in der Zielsetzung für mich heute mehr als fragwürdig.- Dürfen wir junge Menschen überhaupt derart weltanschaulich schulen wollen? Nein, wir dürfen es nicht. Eine ideologisch gefärbte Erziehung führt auf Abwege. Wir sollten jungen Seelen stattdessen die kreativen Räume eröffnen, die sie für ihre freie individuelle Entfaltung brauchen, - Räume, die ihnen helfen, ihre jeweilige Eigenart zu verstehen. Wir sollten darin tiefere„Wesensbegegnungen" ermöglichen ohne ihnen gleichzeitig menschenferne „Ideale" aufzuzwingen. Meine Seele suchte diesen großen „Atem" spiritueller Freiheit. Deswegen musste sie auch dieses Gefängnis am Ende sprengen.

Zurück bei meiner Familie bin ich voller Zorn. Die Reaktion der Seminarleitung ist auch für meine junge Frau wie sie sagt, ein "Schlag ins Gesicht", hatte sie doch all die Wochen und Monate im Verzicht auf den Ehemann und Vater allein den Alltag mit Haushalt und Kindern zu bewältigen gehabt. Offensichtlich ist man weder bereit, meine Eigenart zu akzeptieren, noch meine Lage nachvollziehen, sondern fordert nur Unterordnung. Ich rufe beim Seminar an und bitte einen Zimmernachbarn, die von uns bei einem Kurs im Wald gesammelten Edelsteine einfach von meinem Fenster aus vor das Haus in den Garten zu kippen. Die Nachricht von dem Abbruch meiner Ausbildung schlägt an meiner Heimat Gemeinde wie eine Bombe ein. Ob Grals-Ort, edelsteinartige "geistige Erlebnisse" oder nicht: Ich verlasse mit dem Abschied aus dieser Ausbildung endgültig den Wunsch Priester zu werden. Ich verlasse die immer enger gewordene Welt einer kleinen Kirche, deren idealistische Vorstellungen für mich den Geschmack einer lebens fremden Sekte bekommen hatten, je mehr ich in ihre „geistige Schmiede" eingetaucht war.

Vielleicht war es ja möglich, meinen priesterlichen Impuls auch anders zu leben.

Der erste Lehrer

„Dann werde doch einfach Klassenlehrer!" : Mein kleiner Sohn berät mich. Denn nach dieser großen Enttäuschung habe ich mich entschlossen, meine ursprüngliche staatliche Ausbildung abzuschließen. Nach der Mühle des zweijährigen Referendariats mit dem zweiten Staatsexamen bin ich fertiger Gymnasiallehrer. Aber ich kann mir immer noch nicht vorstellen, an einer Schule zu arbeiten, in der es vorwiegend um Versetzungsordnung und Noten, anstatt um Schüler geht. Das Bedürfnis als Pädagoge einzelnen Kindern und Jugendlichen zu begegnen und diese ins Leben zu führen, ist zu groß. Die kalte und anonyme Atmosphäre staatlicher Schulfabriken zur Erzeugung von „Noten", ihr bürokratisches System ohne Seele und Geist, erscheint mir dazu ungeeignet. Mein Ältester hat Recht: Wo hätte ich besser jene Wärme des Herzens und jene spirituelle Ausrichtung in der Begleitung junger Menschen finden können, als an der Mauerdorfschule? Wird doch in vielen Vorträgen der Mauerdorfschul-Gemeinde der Beruf eines Klassenlehrers als eine fast priesterliche Aufgabe hoch gelobt. Ja, hier bin ich immer noch der Richtige, der für so eine hohe Aufgabe berufen scheint. Ich fühle mich angesprochen. Als Vater von inzwischen drei kleinen Kindern bemerke ich auch eine väterlich-pädagogische

Anziehung zu den kleinen Schülern der ersten Klasse. Wenn schon Mauerdorflehrer, dann sollte es als examinierter Gymnasiallehrer nicht eine Fortbildung zum Oberstufen-, sondern tatsächlich eine einjährige zum Klassenlehrer sein. Hier kann ich mit den Kleinen durch die Klassenstufen einer insgesamt achtjährigen Verbindung auch in den Fertigkeiten eines Klassenlehrers wachsen. Und es scheint, wie man mir sagt, in der Unterrichtsvorbereitung ja auch zu reichen, meinen kleinen Schülern wenigstens immer nur einen Schritt voraus zu sein. Es gäbe an der Schule zudem viele langgediente, erfahrene Kollegen, bei denen ich mir Rat und Unterstützung würde holen können. Doch irgendetwas in mir tut sich schwer, diesen Schritt in eine so große Verantwortung wirklich zu tun...Ist es die unbewusste Angst, mich wieder in so ein enges weltanschauliches System zu begeben, in dem ich allseits von hohen pädagogischen Erwartungen umgeben bin? Oder ist es vor allem der eigene Erwartungsdruck, unter den ich mich selbst begebe, das allgemeine Ideal, das ich mir wieder einmal zu eigen mache und das ich vielleicht gar nicht erfüllen kann? - Ich werde krank, so krank, dass mich das Drüsenfieber ans Bett fesselt. Jeder Schritt fällt mir so schwer, ist so erschöpfend, als wäre ich ein alter Mann und bräuchte hundert Jahre, um ans andere Ende des Zimmers zu gelangen. Ich bin wie gelähmt und zweifele an meinem Vorhaben. Ich ringe mit mir und hole mir telefonische Beratung bei meiner eigenen Lehrerin. Inzwischen habe ich die Zen-Meditation kennengelernt und folge diesem meditativen Weg. Und ich habe Glück, denn meine Lehrerin war selbst Mauerdorfschulmutter und Mitbegründerin einer Mauerdorfschule in Süddeutschland. Sie rät mir nur, darauf zu hören, was mir meine Erkrankung sage. Aber ich höre nicht auf meinen Körper. Nach meiner Genesung ist der Entschluss gefasst. Es muss sein. Mein mutiges Herz wäre schon groß genug. Der „Heros" legt sich nun einen weiten Mantel an, unter dem viele kleine Kinder Platz finden werden...Wieder treibt mich ein unüberwindliches Ideal:

Noch einmal bringt mich also mein frühmorgendlicher Weg täglich zur Bahn in die benachbarte Großstadt, um dort,- diesmal am pädagogischen Seminar, eine einjährige Fortbildung zu durchlaufen. Eine Stelle als Klassenlehrer an der benachbarten Schule scheint gewiss, doch gilt diese als besonders konservativ. Alle Hoffnungen ruhen nun auf meinem Entschluss. Endlich bin ich in diesem beruflichen Konzept mit meiner jungen Familie glücklich vereint und wie in ein gemeinsames Projekt eingebunden. Auch meine beiden ältesten Söhne gehen hier auf die Schule, die mein zukünftiger Arbeitsplatz werden sollte. Alles hätte so schön werden können. Doch sollte ich noch kennenlernen, was ich auch hier niemals für möglich gehalten hätte. Es beginnt in der Aula: Wie empfängt man die eigenen Schüler der ersten Klasse auf der Bühne der brechend vollen Schulaula? Der Klassenlehrer soll ihnen natürlich eine Geschichte erzählen und sie dann unter dem stolzen Applaus der Eltern nach und nach auf die Bühne bitten. Mit einer Rose in der Hand, begleitet von einem Schüler der Mittelstufe, würden sie dann jeweils durch das Rosentor in den dortigen Halbkreis treten. In meiner Hilflosigkeit wird es eine Zwergen-Geschichte, die ich zum Besten gebe. Während mein erfahrener Kollege, zukünftiger Klassenlehrer der Parallelklasse, der nach mir ebenfalls seine Schüler auf der Bühne begrüßt, schon mal „Nägel mit Köpfen" macht. Seine Geschichte bietet für die anschauliche Vorstellung der Kleinen „die Krumme und Gerade". Sind dies doch die Grundbausteine der Schule in der ersten Klasse. Denn hier sollten die Eleven ja lernen Buchstaben zu formen, um zu schreiben. Die persönliche Begrüßung scheint dagegen wirklich meins zu sein, so wie ich genauso herzlich meine Eltern zum ersten gemeinsamen Elternabend in der Schule begrüßen will.

Alles ist geschmückt: Die in einem Märchenbild von mir bemalte Tafel. Der mit einer Decke und Kastanien, sowie einer Kerze drapierte Jahreszeitentisch in der Ecke des Klassenraumes. In die Mitte des Stuhlkreises stelle ich auf den Boden eine große Vase mit sieben langen roten Rosen! Ich will den Ängsten und Unsicherheiten der jungen Eltern, die nun ihr Kind an mich abgeben sollen, entgegenkommen und auch ihnen meine Hand entgegenstrecken…Nach einer längeren Vorstellung meiner Person und meines Verständnisses von der Aufgabe eines Klassenlehrers, will ich beim Thema „Hausbesuche" den Eltern gegenüber um Vertrauen werben: „Ich werde in meiner Funktion als Klassenlehrer bei Ihnen zuhause Besuche machen, um ihr Kind in seiner vertrauten häuslichen Welt pädagogisch wahrzunehmen." Die ganze Mauerdorfschul-Erziehung ist ja, wie ich weiß, an der Einbeziehung elementarer Erfahrungen des kleinen Kindes in oder mit der Natur orientiert. So will man demselben, anders als in der technisierten Welt der Medien, mit Holz, Steinen und Tüchern mehr Raum zur Betätigung heilsamer Phantasie lassen. Ein Fernsehapparat im Wohnzimmer mit seinem schädlichen Einfluss auf Kinder ist also in diesen Kreisen nicht erwünscht. Er gehört gar zum Gegenprogramm der Erziehung an der Reform-Schule. Natürlich ist er dennoch die verschwiegene Realität vieler Mauerdorfschulfamilien. Ich bin also entschlossen, eine Brücke zur Not meiner jungen Eltern zu bauen. In naiver Offenheit füge ich wie beiläufig hinzu: "Sie brauchen übrigens, wenn ich komme, ihren Fernseher nicht zu verstecken." Betroffenes Schweigen macht die Runde. Die jüngeren Eltern machen einen verunsicherten Eindruck, sind sie doch gerade auf pädagogischer Spurensuche. Aber da sind noch die erfahreneren Eltern. Sie haben schon ein oder mehrere Kinder bei verschiedenen anderen fortgeschrittenen Kollegen in der Klasse. Einige wenige sind sogar durch und durch eingefleischte Anhänger dieser Pädagogik. Wie ist ihre hohe Erwartung jetzt von mir enttäuscht worden! Befindet sich nicht ab diesem Abend ihr eigenes Ideal von einem Klassenlehrer der Mauerdorfschule in Gefahr? Hier ist wohl jemand, der ihrer Ideal-Projektion keineswegs entspricht. Es hat den Anschein, als hätte ich mit meiner Begrüßung eine Missgeburt eingeleitet. Hier und heute ist ihr Argwohn geboren worden. Ab diesem Zeitpunkt setzt sich ein bekanntes Muster durch: Auch hier herrscht die Kontrolle und das Misstrauen. Ich werde als Klassenlehrer bespitzelt und auf meine Linientreue hin überwacht. Mein Unheil an dieser Schule nimmt schon seit meinem ersten Tag seinen Lauf. -Was für süße, kleine Schüler ich habe. Allmorgendlich werden sie von ihren Eltern an der Klassentür der 1b abgegeben. Mit strahlenden Augen und einem großen Vertrauen treten sie ein. Denn ich begrüße jedes einzelne Kind an der Schwelle persönlich. Ich bin gewappnet, habe den Abend vorher Geschichten und Lieder gelernt, selbst krumme und gerade Linien zur Einführung der Buchstaben für die Hefte und den Aufschrieb an der Tafel vorgezeichnet. Jeden meiner Anvertrauten führe ich mir vor dem Schlafen vor Augen, will zu allen unsichtbare seelisch-geistige Fäden knüpfen, ganz so wie es ein Klassenlehrer innerhalb dieser Pädagogik auf Empfehlung des Gründers zu tun hat. Die Sonntagabende bringe ich stundenlang im Klassenraum zu. Ich schmücke den Jahreszeitentisch, fülle die

Wasserfarben in dutzende Glastöpfchen und male bis spät großformatige, wunderschöne Märchenbilder an die aufgeklappte Tafel. Alles hier soll ihnen ein Zuhause bieten. Dafür ist gerade mein Raum auch besonders geeignet: Rot lasiert stellt die große Malerei an der gegenüber liegenden Wand die Ankunft der Seelen auf der Erde dar, ihre Begrüßung durch das Licht eines Engels. Warm, rund und Sonnenrot: Sie und ich befinden uns jeden Morgen in den ersten Stunden des Hauptunterrichtes in diesem seelischen Uterus, in diesem Mysterium der geistigen Inkarnation. Demgemäß hat der Gründer wie ich weiß die erste Klassenstunde des Lehrers nach der Einschulung mit einer „heiligen Handlung" verglichen. Er sieht die hohe Aufgabe des Klassenlehrers, diese Seelen in der Schule zu empfangen und durch seinen fast täglichen 8-jährigen Unterricht in die Welt und in das Jugendalter des Lebens zu führen. Ja, er vergleicht sie mit der großen Verantwortung eines Priesters. Dem will ich mit allen Kräften meines Herzens entsprechen. Ich fühle eine große Liebe zu „meinen Kindern". Wie ein guter Hirte ziehe ich mit ihnen manchmal morgens aus zum nahen Waldrand, führe den langen Buchenast als Wanderstab, umgeben von meinen aufgeregten Würmern. Ein viertel Jahr später, beim Weihnachtsspiel, übernehme ich die Rolle des „Josef". Ich sitze singend mit Schlapphut, Klebebart und einfachem Gewand in der Mitte der gefüllten Aula und schaukele die Krippe. Ich berge das Christkind in meinem Herzen, dass selbst Maria vor Neid erblassen muss…Ich spiele mit solcher Hingabe, dass mir ein erstaunter älterer Kollege hinterher sagt, noch keiner habe in all den Jahren „Josef" so authentisch verkörpert wie ich. Ich besuche meine Schüler zuhause, beobachtete liebevoll ihr Wesen und ihre Eigenart, berate die Eltern und bemerke in diesen Momenten meine heilpädagogischen Fähigkeiten. Wohl wird meine einfühlsame und positive Art, mit meiner Aufgabe umzugehen, von vielen Eltern gerne registriert, doch das reicht meinen Kritikern nicht. Ich mache Fehler im Aufbau der Schönschreibhefte. Natürlich werde ich meinem eigenen Ideal nicht gerecht. Manches hätte anderes geordnet und besser vorbereitet werden sollen. Meine einjährige Ausbildung am Seminar hat augenscheinlich nicht ausgereicht, um technische Fertigkeiten für diesen sehr „handwerklich" ausgerichteten Beruf zu erwerben. Zwar wird mir als Anfänger an der Schule sogleich ein älterer erfahrener Mentor an die Seite gestellt. Aber wie soll jener mich begleiten können und mir wichtige Tipps geben, wenn sein eigener Unterricht als Klassenlehrer parallel zu dem meinen läuft? So hat er denn auch nie Zeit, mal in meinem Unterricht zu hospitieren. Die Organisation an dieser Schule scheint lückenhaft und schief. Ich selbst aber hole mir nicht nachdrücklich genug Hilfe bei Kollegen. Die Startschwierigkeiten werden sichtbar und verunsichern

Eltern, die mir ihre kleinen Goldschätze anvertraut haben und nun verständlicher Weise einen professionellen Ablauf erwarten.

Hätte man nicht mit mir über Ungereimtheiten und Fehler sprechen können, mit der Bitte, dass mein Mentor mit mir als Anfänger seine langjährige Erfahrung teilt?

Stattdessen werden Kinder von einigen Eltern befragt und die alarmierenden Nachrichten hinter meinem Rücken verhandelt. Vielleicht sind es noch nicht einmal konkrete Beanstandungen, die man so hätte regulieren können. Es muss wieder einmal meine Offenheit sein, meine natürliche Art, relativ unangepasst vorzugehen und eigene Ideen auszuprobieren. Sie erzeugt anscheinend unter den Hundertprozentigen in der Elternschaft und im Kollegium eine wachsende Angst. Als ich eines Morgens gar den Kleinen am Ende meines Hauptunterrichtes nicht die für den Höhlensee im Kreis übliche Märchen-Geschichte erzähle, sondern die Heldenfahrt eines Entdeckers, der mit seinem selbstgebauten U-Boot die Höhlen der dortigen Unterwasserwelt erforscht hat, beginnen informative Gespräche. Man nimmt mich nicht auf einen Kaffee zur Seite, um den jungen Kollegen nach Kräften zu unterstützen, sondern etwa drei Kollegen empfangen mich jetzt schon bald regelmäßig zu Unterredungen. Es mag sein, dass man nur besorgt ist um die mir anvertrauten Kinder und die gemeinsame Idee dieser Pädagogik schützen möchte. Wohl kaum aber sieht man mich. Wie in einer mittelalterlichen Inquisition werde ich „verhört": "Paul, uns ist zu Ohren gekommen, dass du…." Einigen besorgten Eltern bin ich anscheinend in meinem Interesse für andere Wege und Alternativen zu frei und zu offen. Sie haben wichtige Informationen über mich an meine Kollegen weitergegeben. Als befände ich mich in einem Gerichtssaal, habe ich hier zu verschiedensten Vorwürfen Stellung zu nehmen: „…dass du anstatt, wie dies für einen Klassenlehrer üblich ist, den Schülern nicht von einer Höhlen-Nymphe erzählt hast, wie sie in romantischen Geschichten vorkommt, sondern von diesem U-Boot-Bauer.." Der Mauerdorfschul-Pädagogik entsprechend habe ich ja alle Berührung der Kleinen mit der Welt der Technik fern zu halten. Natur und die geistige Welt der Märchen sind gefragt. Die Kinder sollen um jeden Preis in ihrem halbträumenden Erleben gehalten und ein zu frühes Erwachen des Bewusstseins verhindert werden. Man will in diesen „Traum" der Kinder die moralischen Impulse der Märchen versenken, will aus ihm mithilfe von Geschichten und Kunst ein spirituelles Verständnis der äußeren Realität erzeugen. In diesem seelisch-geistigen Klima soll ich die Formen von Buchstaben wie Setzlinge pflanzen und einüben. In der Oberstufe wären dann rational-technische Fragen behandelbar, aber nicht schon jetzt. All das ist mir natürlich nicht neu und ich empfinde diesen Ansatz als sinnvoll. Hatte ich selbst doch als

Student jahrelang in den Gruppen der Bewegung gesessen und dort die „Geisteswissenschaft" des Gründers studiert. Ich selbst leite inzwischen auch an der Schule einen pädagogischen Arbeitskreis für interessierte Eltern. Doch fremd ist mir in der Tat diese ängstliche Dogmatisierung. Dort, wo ich herkomme, ist man um einiges toleranter und liberaler als hier. Deswegen will ich in meinem eigenen Arbeitskreis das Interesse der Eltern für den Ansatz von „Montessori" aufgreifen und diese Pädagogik behandeln, um beide Wege miteinander zu vergleichen. Wieder aber werde ich von meinem Kollegen gestoppt: „Paul, ich habe gehört, dass du in deinem Arbeitskreis Montessori besprichst. Deine Aufgabe hier ist es Mauerdorfschulpädagogik zu vermitteln!"- Es naht der Herbst und mit ihm der pädagogische Nachmittag der Schule. Er soll Kollegen wie der Elternschaft der ganzen Schule die Möglichkeit geben, Geisteswissenschaft zu studieren und die Anwendung auf die Erziehung der Schüler durch Eltern und Schule zu besprechen. Da man weiß, dass ich vorher Seminarist der Priesterschule war, scheine ich für die Beantwortung esoterischer Schulungsfragen besonders geeignet. Wieder fragen Eltern mich, ob ich die Leitung für einen speziellen Arbeitskreis zu den Fragen „höherer Erkenntnis" übernehmen würde. Doch wie in einem Abwehr-Reflex verneine ich, lehne dies sogar mit dem Hinweis auf meinen Zen-Weg dankend ab…Als ich mich dann aber selbst für den unabhängigen Religionsunterricht und die damit verbundene kultische Handlung für die Schüler bewerbe, soll mir dies um die Ohren schlagen. Wieder ist es mein „Mentor", der die Rückfrage stellt: „Paul, darüber sollten wir noch einmal reden. An der Schule geht das Gerücht um, du hättest da so einen Guru." Gemeint ist meine Zen-Meditations-Lehrerin. Als ich dieser telefonisch von meiner Dummheit erzähle, mich derart abzugrenzen, bemerkt die Mauerdorf-Schulmutter, dass sie sich in keiner Weise als Guru, sondern im Gegenteil als normale Lehrerin einer Meditationsmethode verstünde. Andererseits aber wären sich viele Anhänger der Lehre gar nicht darüber im Klaren, dass sie selbst es wären, die ihren Gründer zu einem Guru gemacht hätten... - Seltsam, wie ich hier wieder einmal von ängstlichen Wächtern umgeben bin, als wären sie allesamt Hüter eines verstaubten Nibelungenschatzes. Als ich dann auch noch sonntags mit meiner Frau und meinen kleinen Kindern im Kinderkino der benachbarten evangelischen Kirche gesehen werde, schlagen die Wellen hoch. Die Nachricht verbreitet sich wie ein Lauffeuer an der Schule. „Michel aus Lönneberga" von Astrid Lindgren wird zum „Staatsfeind Nr.1" und meine Gegner befinden sich diesmal auf der höchsten Alarmstufe. Sofort werde ich von einem Kollegen darüber belehrt, dass ich als Klassenlehrer eine öffentliche Person sei. Deshalb besäße ich natürlich für die Mauerdorfschulpädagogik eine

Vorbildfunktion. Und daher könne es nicht egal sein, was ich in der Freizeit mit meiner Familie unternähme....Offenbar befinde ich mich hier in einem "Minenfeld". Die soziale Kontrolle wird absolut. Es hilft alles nichts, die Verhöre gehen weiter. Inzwischen fühle ich mich trotz der wohlwollenden Freundlichkeit vieler junger Eltern, wie einer, der nach mehreren Seiten gleichzeitig kämpfen muss. Mein fröhliches Lachen auf dem Schulgang erstirbt. Ich liebe meine Erstklässler, aber die Bändigung ihres Flohzirkus´ bringt mich an meine Grenzen. Ich sehe mich auch von manchen Eltern überwacht und von meinen Kollegen verlassen. Kollegiale Loyalität sieht anders aus. Im Anfang meines Unterrichts steigen noch, -wohl als Folge meiner fortgesetzten Meditationspraxis, Wellen der Kraft an meiner Wirbelsäule hoch. Doch jetzt stehe ich immer öfter mit Tränen in den Augen an der Tür, wenn ich gerade das letzte Kind begrüßt habe. Ich sehe, wie ich den Boden für meine Arbeit zunehmend verliere und komme wie die allermeisten Kollegen nun auch an die Grenze meiner pädagogischen Belastbarkeit. So etwa, als ich einen kleinen Jungen vor der Klasse ungeduldig schalle, weil er lautstark zu spät kommt. Was aber eher der Einsamkeit und Überforderung gegenüber dieser Situation geschuldet ist, wird, wie es in diesen Kreisen üblich ist, schnell dramatisiert und moralisch aufgebauscht. Wieder einmal werde nicht i c h deswegen von bestimmten Eltern angesprochen, sondern all das erreicht mich immer noch über die gerichtliche Instanz meiner Kollegen. Allein meine Lehrerin am Telefon steht wie mit einem Schwert in der Hand hinter mir. Sie rät mir: "Und wenn du wieder zum Gespräch bestellt wirst, dann gehe nicht als das Opfer hin, sondern als d e r Mauerdorfschullehrer, der im Rahmen seines Bekenntnisses zur Mauerschulpädagogik absolute Freiheit in der Unterrichts-Gestaltung fordert. Und noch eines: Wenn sie dich prüfen wollen, dann prüfe d u sie…!"

Anders als Kinder, von denen so viele tatsächlich Opfer werden von häuslicher Gewalt und Missbrauch durch Erwachsene, haben wir die Möglichkeit den Grenzüberschreitungen Anderer entschlossen entgegen zu treten. Wir können vermeiden, „Opfer" zu sein, indem wir wie im Aikido in den unfairen Angriff unserer Kritiker eintreten. Indem wir diejenigen, die unsere Würde antasten wollen, ins Leere laufen lassen.

Jetzt sind es aber einzelne Eltern, die anfangen, meine Not wahrzunehmen und die beginnen, mich moralisch zu unterstützen. Sie suchen meine Nähe. Eine Mutter, die einen Sohn in meiner Klasse hat, berichtet mir gar von ihrem Besuch eines amerikanischen Mediums, das sie nach mir befragt hatte: Er hätte voll Verwunderung die Verblendung vieler Eltern an dieser Schule festgestellt, die meinten, ihr Kind auf eine alternative Schule gegeben zu haben, die sich aber in Wahrheit selbst viel bürgerlicher als andere verhielten. Meine Seele dagegen hätte sich nach Deutschland inkarniert, um mitzuhelfen, in diesem Land „die verkrusteten Hierarchien nach dem Krieg aufzulösen und den Kindern Gott in sich nahe zu bringen." Das ist erstaunlich, trifft vielleicht sogar etwas Wahres in mir, aber es hilft mir in dieser verfahrenen Situation nur wenig. Statt Aufgeschlossenheit für mein so anderes Handeln, statt solidarischer Unterstützung des neuen, jungen Kollegen, begegnet mir ein Klima der Anpassung und Angst. Wieder ist es mein seltsamer „Mentor", der mir eines Tages die Meldung der Katastrophe überbringt: „Paul, deine Klasse brennt lichterloh." Es soll deswegen ein außerordentlicher Elternabend stattfinden. Ich werde gebeten, selbst nicht teilzunehmen. Es würden dort stattdessen mehrere Vertrauenslehrer sitzen... Wo ist mein Mut? Warum begehre ich nicht spätestens in dieser unerträglichen Situation auf, um meinen Gegnern mit der Abweisung ihrer Bitte entschlossen gegenüber zu treten? Wieviel Mut hatte ich doch als Kriegsdienstverweigerer bewiesen. Aber hier ist die Situation eine andere: Da sind die kleinen Kinder meiner Klasse. Sie sind mir ein Herzensanliegen.- Warum habe ich meine „Rüstung" ausgezogen? Was blockiert mich?

Voller Wut und Scham und am Ende voller Mitgefühl über das, was ich als junger Mann geschehen ließ, erkenne ich: Mein Ideal hatte den „Richter" hervorgebracht und damit

Gefühle der Schuld. Schuldgefühle aber rauben uns die Kraft und das Selbstvertrauen dafür, seinen „Mann zu stehen" und dem unfairen Verhalten der eigenen Kritiker Parole zu bieten.

Stattdessen wollen andere für mich kämpfen. Inzwischen haben sich die Intrigen meiner besorgten Spitzel herumgesprochen und in der Elternschaft formiert sich eine unerschrockene Gruppe zu meiner Verteidigung. Am nächsten Tag steht der Elternvertreter vor meiner Klassentür. Herr Reiter erzählt mir aufgebracht von Eltern, die inzwischen meine Arbeit offen hinterfragen: Mein Ritter sammelt die Truppen. Er ruft aus: „Wir werden für sie demonstrieren!" Es naht der Abend des außerordentlichen Elternabends, an dem meine Kritiker in der Rolle des großen „Richters" auftreten wollen. Wie mir hinterher berichtet wird, sind alle meine Fehler, die mir bisher unterlaufen waren, auf einer langen Liste gesammelt und vorgelesen worden. Doch die steigende Wut der überwiegenden Mehrheit hätte diese Eltern „an die Wand gedrückt". Es sei am Ende des Elternabends ein „überwältigendes Vertrauen der Elternschaft herausgekommen." Und wie ging es mir an jenem Abend dieses „Theaters", als die Tür für mich verschlossen ist? „Wenn die Elternschaft so für dich einsteht, dann stehen dahinter die Kinder", meint meine Beraterin. Es mag sein, dass eine Fortführung meiner Arbeit trotz aller Widerstände mir im Laufe der Zeit doch noch den Respekt meiner Kollegen eingebracht hätte. Mir fallen meine kleinen Schüler ein, die so vertrauensvoll zu mir aufgeblickt und mich auf unseren Spaziergang manches Mal am Mantelsaum gezogen hatten. Ein tiefer Schmerz brennt in mir. Ich bin doch ihr „erster Lehrer" und kann sie nicht einfach so verlassen…Doch ich sehe inzwischen an dieser Schule keinen Boden mehr für mich. Ich kann mir immer weniger vorstellen, in einer Atmosphäre voller Misstrauen, sozialer Inkompetenz und mittelalterlich anmutender Dogmatik weiterhin derart kontrolliert und bevormundet zu werden. So erbärmlich hatte ich mir die Anhänger philosophischer „Freiheit" und meine „große Aufgabe" als Klassenlehrer nicht vorgestellt. So fasse ich den Entschluss zu kündigen, wenn dieser Elternabend für mich positiv ausgeht. Denn dann weiß ich, dass ich vor den Problemen nicht fliehe…Warum gehe ich aber dann? Hätte ich nicht genau an dieser Stelle bleiben können?

Zumindest will ich nicht einfach so von dannen ziehen, sondern diese Hallen „aufrecht" verlassen. Ich kündige also und halte mit geradem Rücken eine Abschiedsrede vor den Kollegen der Lehrerkonferenz: Im großen vollen Lehrerzimmer bedanke ich mich denn auch zunächst für alle Kollegialität, die ich durch Einzelne erfahren durfte. Ich bemerke jedoch, dass ich nicht verstünde, warum man mich als jungen Kollegen seitens der Schule in all der Zeit so wenig unterstützt hatte, warum man eher den Ängsten und der Kritik mancher Eltern gefolgt sei, anstatt mit mir zusammen zu arbeiten. Und dass ich mich in all der Zeit „wie ein Schwimmer allein auf dem weiten Meer" gefühlt hatte. Ich spiegele den verblüfften Kollegen, wie ich meinerseits stets gespürt hätte, dass über dieser Schule ein „dunkler schwerer Geist" hinge und dass ich meinem Nachfolger von vornherein mehr Unterstützung wünsche würde, als ich sie je erhalten hatte. Das ist mutig. Nach Ende meiner Rede hält man meinem Bemühen um Wahrhaftigkeit die Tür auf und verabschiedet den Helden per Handschlag. Aber die Wunde ist geschlagen, der Riss geht durch die Schule. Noch auf einem letzten Elternabend will ich die Wogen glätten, doch zwischen den Eltern fliegen nun die Fetzen. Vorbei ist es mit einer falschen „Harmonie". Es werden von meinen Unterstützern diejenigen benannt, die von Anfang an gegen mich gearbeitet hatten. Tränen fließen. Es gibt ein Abschiedsgeschenk. Ich gehe.

Und die Kinder? Ich freue mich jedes Mal zu hören, was aus so manchen inzwischen jungen Erwachsenen geworden ist. Mit einer Träne im Auge sehe ich dann plötzlich ihre kleinen Gesichter vor mir. Ja, da ist immer noch der Schmerz, sie so früh verlassen zu haben. Habe ich ihnen als ihr „erster Lehrer" dennoch etwas Wichtiges hinterlassen können? Mögen sie auf ihrem Wege gesegnet sein. Alles ist gut so, wie es war. An jenem Tag erkenne ich, dass ich mit meinem Abschied aus dieser Schule zu mir selbst zurückgekehrt bin. Denn als ehemaliger Priesterseminarist war ich unversehens „vom Regen in die Traufe" gekommen. Ich hatte meinen Idealen nur ein ähnliches Gewand gegeben. Es wird mir klar, dass ich nun nicht nur den Beruf eines Priesters und den eines Mauerdorfschullehrers an den Nagel gehängt habe. Ich beginne auch innerlich eine ganze Welt überhöhter Vorstellungen zu verlassen, die ich seit meiner Schülerzeit wie eine geheime Last mit mir herumgetragen hatte.

Heute weiß ich: Ihre vermeintlich esoterische "Wahrheit" hatte sich für mich in der andauernden Auseinandersetzung mit ihren Anhängern endgültig als Ideologie entpuppt. In diesen Kreisen sucht man den sogenannten "geistigen Erkenntnissen" gemäß zu leben. Diese sind aber „einbalsamiert" in die Formulierungen des Gründers. Als Ideal wurden sie von diesem selbst einst schon so hoch gehängt, dass man vieles davon heute nur noch „glauben" kann. Die vermeintliche Erkenntnis des Initiators wird so in Wahrheit zu einem Glaubensinhalt. Da aber auf diese Art in der breiten Masse natürlich keine eigene Anschauung tieferer Wirklichkeit stattfinden kann, wird sie durch ein enges moralisches Wertesystem ersetzt. Dies lebt davon, dass es sich wie in ideologischen Gruppierungen üblich, von der „bösen" Außenwelt abgrenzt. Schließlich erinnert es in Wahrheit an das enge Moralgesetz in normalen christlichen Kirchen und funktioniert bis in unsere Zeit besonders gut innerhalb einer in sich abgeschlossenen „heilen Welt", die tatsächlich keine ist. Ich verlasse als junger Mann also eine Gesinnung, die diese „Wahrheit" innerhalb ihrer engen Welt schützen und bewahren will: Augenscheinlich glaube ich mit 36 Jahren nicht mehr an eine idealtypische Welt, die der Ausdruck einer höheren „geistigen Welt" sein soll. Denn keines der von mir kennengelernten „geistigen Biotope" entspricht diesem Anspruch. Im Gegenteil gleichen diese Einrichtungen des Gründers auf der Ebene der Mitarbeiter eher „sozialen Löchern" voller Gewürm: Denn derart zum „Gesetz" erklärt, erzeugt die Allgegenwart des „Ideals" lauter „Wächter", „Richter" und überall tiefe Schatten. Ja, die normalerweise in uns allen anwesende innere Instanz eines stets bewertenden und urteilenden „Richters" A2) scheint an diesem Typ Schule institutionalisiert zu sein: In dieser Schule wird jeder stets am großen pädagogischen Ideal gemessen und alle Abweichungen davon unerbittlich moralisch verurteilt. Nicht nur Lehrer werden so kontrolliert. Auch Schüler, die in ihrem pubertären Verhalten gegen das allgemeine harmonische Idealbild wie gegen ein Gesetz verstoßen, trifft oftmals sogleich mit dem "moralinen" Urteil die empörte Strafe. Hier werden häufig "weiße Schafe" geliebt, "schwarze" dagegen schnell ausgegrenzt. Aber selten werden menschliche Probleme im Zusammenleben und Arbeiten benannt und offen und fair ausgetragen. Wie es aussieht, werden sie entweder verdrängt oder durch Intrigen verschärft. Schließlich verlagert man sie wie in einer großartigen Projektion nach außen und wehrt sie ab. Die Abwehr moderner Einflüsse ist denn auch eines der wichtigsten Kennzeichen dieser Gruppen. Doch wer dies tut, ist per se der Gegenwart der Schatten ausgeliefert und zieht soziale Katastrophen an. Auch dies scheint immer noch ein bedauernswertes Charakteristikum solcher gesellschaftlichen "Alternativen" zu sein. Wie viele junge Männer war ich selbst der Illusion gefolgt, in einer quasi institutionell verankerten „Harmonie" von Berufswegen „spirituell" arbeiten zu können. Doch meine idealistische Suche hatte mich mitten in die Eigengesetzlichkeit einer Scheinwelt geführt. Sie war mitverantwortlich dafür, dass ich mich immer mehr von mir selbst entfernt hatte. Statt meinen eigenen Impulsen zu folgen, hatte ich mich gegenüber meinen „Richtern" in die Opferrolle begeben und war nun in einer Sackgasse gelandet. Hier öffnete ich die Augen. Ich erkannte in dieser Situation, wie wichtig es für mich ist, mir treu zu bleiben und wie gut es tut, dabei einen „geraden Rücken" zu behalten. In meiner Wahrhaftigkeit hatte ich meine ursprüngliche Stärke erfahren.

Doch zunächst sollte ich auf meinem Weg den Kelch des „Gerichts" bis zur Neige auskost

Die Göttliche

Es ist im Frühjahr vor Ende meiner Klassenlehrer-
tätigkeit, als ich durch Zufall von der Anwesenheit eines
alten tibetischen Lamas in der Stadt erfahre. Meine
Unzufriedenheit mit der geschlossenen Weltanschauung
des Gründers hat im Laufe der Jahre zugenommen und
nun dazu geführt, dass ich mein Interesse an der
buddhistischen Weltsicht wieder aufnehme. Schon in
meiner katholischen Zeit war ich dem Thema der
östlichen Meditation begegnet. Ich bin stets ein offener
und interessierter Mensch gewesen und suche nun nach
Alternativen.

So beschließe ich zum Retreat in unserer Stadt zu gehen.
Schon mein Eintritt in den Hof des Hauses, das für die
„Pujas" dieser spirituellen Gruppe um den Lehrer
ausersehen war, ist eindrucksvoll. Ich bemerke, dass ich
eine Art Energiering passiere, der mich in den näheren
Umkreis des alten Priesters führt. Alles in und außerhalb
des Meditationsraums ist so farbenfroh: Ob es die bunten
tibetischen Gebetsfähnchen vor dem Haus sind, oder die
farbigen Thangkas an den Wänden im Innenraum: Überall
sind leuchtende Buddhas dargestellt. Selbst die Klang-
schale hat ein buntes Kissen und die frischen Blumen-
Opfergaben schmücken den Raum. Bronzene Glöckchen,

Zimbeln sind an ihrem Platz. Die Atmosphäre im Raum ist in den Duft von Räucherstäbchen und brennenden Butterlämpchen getaucht. Diese spirituelle Sinnenfreundlichkeit spricht mein Herz unmittelbar an und ich erinnere mich an verschiedene Begegnungen aus meiner Zeit als Student...

Da war mein Besuch eines Tibet-Reisenden. Als ich in seinen Verkaufsraum eintrat, in dem auf einigen Regalen viele kleine und größere Buddha-Figuren standen, spürte ich einen energetischen Druck auf der Innenfläche meiner Hände, so als wären an diesem Ort meine Chakren in Bewegung gesetzt worden. Merkwürdig. Auch hatte mich in dieser Zeit mein Weg zu der deutschen Tibet-Initiative in einer anderen Stadt geführt. In einem alten Haus hielt an diesem Tag ein alter tibetischer Mönch auf Anfrage medizinische Behandlungen ab. Es war der Leibarzt des Dalai Lama, Tenzin Choedrak, ein großer Mann von massiger, bäuerlicher Schwere. Unversehens saß ich ihm auf seinem Patientenstuhl gegenüber, während er für die Diagnose meine beiden Hände am Puls hielt. Er lauschte auf meinen Puls, ich spürte den sanften Druck seiner Finger. Doch trafen sich unsere nahen Augen aufeinmal im Blick dieses Mannes erschütternd weit und tief, so als schaute ich in ihnen auf die Bergketten des Himalaya. Das war der Mann, der so schrecklich misshandelt worden war? Wusste ich doch, dass er sich für sehr viele Jahre in chinesischer Folterhaft befunden hatte. Ich war bewegt und bat hinterher um ein persönliches Gespräch mit einem englischen Dolmetscher. Als ich empfangen wurde, fragte ich ihn, wie ich an meinen Schatten arbeiten könne….Er aber schaute mich an und antwortete ganz in buddhistischer Manier: "Ich sehe nur Licht."

Vielleicht werden sich unsere sogenannten Schatten eines Tages tatsächlich im Gewahrsein der absoluten Wirklichkeit als Illusionen entpuppen und auflösen.

Das war vor Jahren. Nun aber sitzt mir in meinem Heimatort ein ganz anderer beleibter alter Mann in weinrot-gelber Mönchskleidung gegenüber. Er trägt etwas zerfahrene, längere weiße Haare. Zwar ist er in seiner Stellung durch seinen Platz auf einem kleinen Podest hervorgehoben, macht aber ansonsten keine Anstalten, besonders hervor zu treten. Wie aus einer inneren Sammlung heraus scheint er diesen Kreis wahrzunehmen und in ihn hinein zu wirken. Seine Anhänger dagegen sind zum Teil mit ihm gereist oder von weit hergekommen und sitzen nun mit ihren tibetischen Rezitationstexten andächtig vor ihm. Ein Platz am Boden ist noch frei, den ich belege. Die Puja ist in vollem Gange. - Wie schön man chorisch singt und rezitiert! Handglöckchen läuten im Halbkreis, hell klingen die Zimbeln, kleine Trommeln werden geschlagen. Die Konzentration auf die Anrufungen der Buddhas ist groß. Doch nach einer kleinen Pause steht man schon in einer Schlange an. Jeder trägt den traditionellen Gebetsschal in den Händen, einen dünnen, weißen Seidenschal, um ihm dem Guru mit einer Verneigung zu überreichen. Dieser hängt ihn dann segnend zurück um den Hals des Schülers. Dieser Gottesdienst lebt von vielfältigen Ritualen und tiefer Religiosität. In der Reihe steht aufeinmal auch mein Heilpraktiker. Wie er mir später belustigt erzählt, habe ihm der Lama in dem Moment, in dem dieser ihm den Schal zurück um den Hals hängte, eine deutliche Kopfnuss gegeben...Da habe ich ja noch mal Glück gehabt! Nach einiger Zeit bemerke ich eine Frau, die auf ihrem Teppich schräg vor mir sitzend ebenfalls konzentriert betet. Mir fallen ihre schönen, leicht gräulichen, an der Stirn lockigen und in einem Haar-Bund nach hinten zusammen gelegten, langen Haare auf. Als es wieder eine kleine Pause gibt, wechseln wir ein paar Worte. Ihre dunkel-vokalische Stimme berührt mich in ihrem Klang, in ihrer herzvollen, tiefen Art. In der Pause unterhalten wir uns auf einer Bank vor dem Haus. Sie ist genauso wie ich verheiratet und hat 3 Kinder, gleichzeitig aber ist sie Schülerin eines jüngeren süddeutschen Lehrers. Dieser gehört zur selben tibetischen Tradition dieser Linie, die der „Rinpoche" hier im Haus verkörpert. In ihrer einfachen und doch attraktiven Kleidung signalisiert sie eine jahrelange religiöse Nachfolge. Dass sie als Hausfrau und Mutter diesen Weg trotzdem mit allen ihr zur Verfügung stehenden Kräften konsequent zu gehen scheint, beeindruckt mich. Aus ihren Erzählungen geht hervor, dass sie sogar eine Indienreisende ist. Anscheinend folgt sie mutig dem alten Meister an abgelegene Orte. Die Schülerin sucht ihren alten Lehrer in Klöstern im Himalaya, als fischte sie dort „Perlen".- Sie ist wie ich: Auch sie eine „Heldin", die um eines größeren Zieles willen auf die „Reise" geht…Wir können miteinander schwingen und lachen, die Energie fließt von Herz zu Herz. So als würden wir uns seit langer Zeit kennen, fühlen wir schon bald eine tiefe Verbindung zueinander. Es dauert nicht lange und wir wechseln unsere Adressen. Ich finde Interesse an einer Frau, die mich öffnet und mir wie keine andere mit ihrem Herzen begegnet. Schon am nächsten Tag sieht sie mich, wie sie mir später erzählt, mit einem großen Birkenstab in der Hand, als ich meine Klasse durch ein Tal im Wald führe. Auch sie scheint nun wissen zu wollen, wer dieser so ganz andere junge Lehrer ist. Hat sie nicht einen Ehemann, der ihr spirituelles Interesse teilt, der selbst diesen meditativen Weg geht, während ich selbst dies in meiner Ehefrau nicht finden kann? Ich habe meine Frau als Mutter meiner Kinder lieb, mag ihr natürliches pädagogisches Gespür und schätze ihre treusorgende Art. Diese Beständigkeit hat für die gesunde Entwicklung der Kleinen einen unschätzbaren Wert. Doch auf der Partner-Ebene fehlt mir etwas. Oft habe ich Versuche unternommen, mit meiner Frau gemeinsame geistige Interessen zu pflegen, ob in der

Teilnahme an der Gemeinde oder in der gemeinsamen allabendlichen Lektüre, wenn die Kinder schlafen. Aber ich kann meiner Frau nur sehr eingeschränkt von meinen besonderen spirituellen Interessen erzählen. Mit ihr, die aus einem bäuerlichen Elternhaus kommt, ist ein wirkliches Gespräch selbst über unsere Probleme und Gefühle nicht möglich. Und ist es nicht in der Ehe dieser anderen Frau trotz geteilter Interessen genauso? Zwar sind für uns unsere jeweiligen Partner die Garanten eines stabilen Familienlebens, doch die Beziehungsebene ist bei beiden gestört: Der eine sieht anscheinend nur seinen Beruf, die andere nur ihren Haushalt und die Kinder. Warum aber habe ich mit solch einer Frau so viele Kinder gezeugt? Schon zu Beginn meiner Ehe bin ich von den Ereignissen wie überrollt worden. Als Student stehe ich eines Tages unter der Dusche meiner Freundin und denke für mich: „Was tust du, wenn sie schwanger ist?"- Wir sind noch halbe Kinder. Ich bin 24, meine Partnerin erst zarte 21 Jahre alt, als sie im Nebenzimmer den „B-Test" macht. Angst steigt in mir auf. Wir haben hier, in derselben Stadt, doch gerade erst unser Studium begonnen…Und wie aus der Kanone geschossen, kommt aus mir die Antwort: „Dann heiratest du sie!" Das ist ritterlich. So würde es alle Welt von mir erwarten. Ich kann sie einfach nicht mit dem Kind alleine lassen. Es ist klar, dass wir dieses Kind gemeinsam bekommen würden. Zwar hätte ich damals wohl kaum meine Freundin heiraten wollen. Doch als wir so mit unserem ersten Kind ungeplant schwanger werden, meint man es gut mit uns. Meine Familie klopft mir auf die Schulter. Man nimmt uns in der Gemeinde als Paar und später mit unseren kleinen Kindern ganz solidarisch auf und unterstützt uns vielfach. Als bei einem unserer Traugespräche unsere Pfarrerin uns auf einmal anschaut und sagte: "Nicht wahr, sie sind sehr unterschiedlich" entgegne ich trotzig: "Ja, wir ergänzen uns gut." Demgemäß erzittern die Wände der Kirche bei unserer Trauung vor dem Altar, als ich besonders laut mein "Ja"-Wort spreche. Nicht aus ruhig-sicherer Herzensmitte kommt das Versprechen, sondern mit ganz viel "Willen". Hilflos versuche ich auch hier einem Ideal gerecht zu werden. So fangen wir an, daran Geschmack zu finden, uns ein Nest zu bauen. Aus einem Kind werden im Laufe der Jahre vier. Jung, wie wir sind, geben wir unser Bestes und richten uns und unseren Kindern ein Zuhause ein, eine seelische "Heimat". Aber wie wenig Erfahrung haben wir hierfür! Unserem „Familien-Haus" fehlen die Fundamente einer gesunden Ehe. Wie so viele sind wir von niemandem über die Grundlagen einer Partnerschaft zwischen Mann und Frau aufgeklärt worden. Vor allem beachten wir nicht, dass die eigenen Kinder niemals das Zentrum der Partnerschaft, sondern nur den Umkreis bilden können, dass unsere Beziehung zueinander dagegen in der Mitte zu stehen hat: Man sagt es uns, doch wir sind jung und unerfahren. Wir haben in unseren Eltern keine Vorbilder für eine reflektierte Partnerschaft und wissen nicht wirklich wie das gehen soll bei so viel Arbeit mit den Kleinen. Wir wissen noch nichts über die Notwendigkeit, Interessen auszutauschen und gemeinsam zu wachsen, auch schöpferisch Neues zu pflegen. Dass man sich gegenseitig Raum für das Eigene lässt und auch in schweren Zeiten miteinander im Gespräch bleibt. Kaum habe ich als junger Mann nun begonnen, den unvermeidlich eigenen Weg auf der Suche nach mir selbst zu gehen, verändert sich alles. Als ich beginne zu meditieren und dafür Kurse besuche, keimt in mir der Aufbruch zum Mannsein. Ich weiß noch nicht wie dies zu integrieren ist und treffe auf wenig Verständnis. Es fehlt mir die Bereitschaft des Partners, selbst Neues zu entdecken, ebenfalls auf Kurse zu gehen. Das Gespräch miteinander über die hier gemachten Selbsterfahrungen zu pflegen. Auch Probleme miteinander zu besprechen. Diese sind im Gegenteil in ihren Augen stets übertrieben. Sie werden lieber verdrängt. Geht es nicht auch in der Partnerschaft darum, sich zu entwickeln? Stattdessen steht der große Vorwurf von ihr als Mutter im Raum, sie mit den Kindern allein zu lassen, während ich auf Meditationsseminare gehe. Mein Vorschlag, uns auch hier abzuwechseln, dass ich bei den Kindern bleibe, während sie geht,- und sei es für einen ganz anderen eigenen Weg, bleibt mit seltenen Ausnahmen kaum verwirklicht. Opfervoll nimmt sie lieber alle Last auf sich, wodurch ich in meinem „spirituellen" Bemühen immer fragwürdiger werde. Der Opferstatus wird bei jeder Gelegenheit verdeutlicht. Diese Haltung mündet am Ende stets in der Klage über die fehlende gesellschaftliche Anerkennung ihrer Leistung als Mutter. - Ja, natürlich. Ich habe eine Frau, die naturgemäß als Mutter mit ihrem Herzen ganz mit den Kindern verwoben ist. Sie hat eine Aufgabe, die oftmals an ihren Kräften zehrt und die sie viel mehr fordert als mich. Wer wollte das bezweifeln und nicht dankbar würdigen? Gerade ich als Vater habe dafür allen Grund. Aber ihr genügt die Welt unserer Kinder, der kleine Kreis unserer Wohnsiedlung. Unsere Ehe besteht aus Haushalt und Sandkiste. Für diesen "Beruf" als „Mutter" fordert sie volle Anerkennung. Doch ich bin nicht ihr Vater und kann den Tellerrand dieser Ehe, in der das Eigene dem des Partners eben nicht begegnen kann, nur noch schwer aushalten. Ich kann mit dieser Frau nicht wirklich eine Beziehung führen.

Wenn wir uns selbst zum „Opfer" machen, weisen wir anderen Menschen und Umständen die „Täter"-Rolle zu. Je beharrlicher wir dies tun, desto mehr üben wir Macht aus. Denn wir erzeugen in denen, die nicht so handeln wie wir selbst, Schuldgefühle. Etwa, wenn sie wagen gegenüber der „Selbstaufopferung" des „Opfers" für das Ganze eigene Interessen zu vertreten. Unversehens aber werden wir so als „Opfer" zum „Täter", weil wir versuchen, Andere in unseren naiven Rollenvorstellungen

festzuhalten. Plötzlich sind das „Opfer" und der „Täter"
austauschbar. Erwachsen sein aber heißt das Gespräch zu
suchen: Über Verantwortung sich selbst und
Verantwortung Anderen gegenüber. Es heißt, die eigenen
Vorstellungen von „gut" und „böse" und somit den
„Opfer-Mythos" fallen zu lassen.

Es fehlt zudem die Spannung zwischen Mann und Frau. Als Eltern „sind" wir uns selbst zu oft „Mutter" und „Vater". Wir wissen nicht, wie wichtig es ist, sich immer wieder zu bemühen, in einer Beziehung füreinander attraktiv und interessant zu bleiben, indem wir eben auch eigene Wege gehen und uns entfalten. „Väter" neigen manchmal dazu, ihre „pädagogischen Vorstellungen" mit „Macht" zu erzwingen. Doch dies ist keine Eltern-Kind-Beziehung, sondern eine Beziehung Erwachsener. „Macht" und „Autorität" sind patriarchale Relikte und haben darin schon gar nichts zu suchen. Alte Rollenvorstellungen belasten unsere Ehe. Unsere beiden autoritären Väter waren „Herrscher" und die Mütter ordneten sich ihnen dienend unter. So gerate auch ich in meinem Eheverhalten immer mehr auf abseitige Wege, etwa wenn ich versuche, meine Frau zu „erziehen".

„Schuld" und „Macht" aber sind keine stabilen Säulen einer gesunden Beziehung. Ganz im Gegenteil machen wir damit unsere Ehe auf Dauer zu einem Gefängnis.

Wir sind jung und haben keine Erfahrung. Unsere Ehe gerät bald in eine Schieflage. Wie an der Schule, ist für mich auch da kaum eine Perspektive. Ich finde plötzlich eine Frau, die scheinbar so ganz anders ist, die selbst auch drei zum Teil kleine Kinder hat und doch als Mutter stets ihren eigenen Weg verfolgt. Ich bin von ihr wie verzaubert. Je häufiger wir miteinander telefonieren, desto mehr finden „Gratia" und ich in uns ein Gegenüber, das wir in unseren Ehen vermissen: Ich kann ihr, der „Frau", zum ersten Mal als „Mann" begegnen. Statt Mutter und Vater für unsere Kinder und für uns als Partner zu sein, erleben wir in der Entfernung voneinander aufregende Spannung und füllen die sehnsuchtsvolle Unerreichbarkeit mit dem projizierten Traum vom anderen. Wir verlieben uns heftig. Der junge, unreife Mann, der Vater von vier Kindern, er rennt nun bei jeder sich bietenden Gelegenheit zur nächsten öffentlichen Telefonzelle und sucht wenigstens am Hörer mit der entfernt Geliebten eins zu werden. Wenn wir uns so erreichen können, gleicht die Stimme des anderen am Hörer, die ersten Worte in der Leitung, dem Gerettet-Werden eines Ertrinkenden aus der Glut der Verliebtheit, in unendliches, zeitloses Fließen miteinander. Wir können gemeinsam in die Tiefen der Seele hinabsteigen und Hand in Hand zu den Höhen des Geistes fliegen, endlich über Spirituelles sprechen und seine jeweilige Bedeutung für uns auskosten. Es ist, als erkennen wir uns im jeweils anderen wieder, als würden wir uns tausendfach wiederspiegeln. Bald schon reicht auch diese Heimlichkeit nicht mehr: Ich muss die Göttliche sehen, sie in die Arme schließen, körperlich mit ihr verschmelzen.

Ist da denn niemand, der mich zurückhalten kann, der verhindert, dass ich die treue und nichtsahnende Mutter meiner Kinder betrüge und nun die Grenze endgültig überschreite? Ist da niemand, der mir in diesem Moment klar macht, dass ich in den Ehebruch hereinschlittere und mich vor seinen Folgen warnt: Vor dem Leiden für meine Frau, für den Mann meiner Geliebten, für meine Kinder, für alle anderen, die hilflos zuschauen müssen, wie ein tiefer Riss durch unsere Familien geht, vor den Schmerzen und jahrelangen Schuldgefühlen für mich? Noch bis heute bekomme ich immer wieder die Auswirkungen zu spüren. Nein, da ist zunächst niemand oder ich höre ihn nicht. Ich bin wie besinnungslos. Ich habe kein Gefühl für die Stimmigkeit dessen, was ich tue. Meine „Innere Stimme" kann ich in dieser Situation nicht spüren. Diese Macht ist zu groß. Es ist wie ein Naturgesetz, wie die Kraft zweier überlebensgroßer elektrischer Magnete. Sie ziehen uns zueinander, als wäre da nichts anderes mehr, was uns voneinander hätte trennen können und was für uns jemals in der Welt hätte Bedeutung haben können. Züge reichen nicht mehr aus. Als ihr Mann fort ist, zähle ich das Geld und miete ein Auto. Ich bringe mich auf der Straße durch meine blinde Leidenschaft in Gefahr. Auf der Autobahn übersehe ich eine digitale Stauanzeige und rase mit überhöhter Geschwindigkeit beinahe in die letzten Autos der Schlange. Jede Gelegenheit muss ausgenutzt werden, etwa wenn ihr Mann sich gerade auf Reisen befindet. Der ritterliche Held sucht dann seine oft so unerreichbar ferne Minne. Er wagt sich für sie in die „Aventüre". Ich bin Hals über Kopf verliebt und bringe mich und die Meinen verantwortungslos um „Kopf und Kragen". Aber meine

Angebetete ist voller Freude und kann meinen Mut kaum fassen, als ich bei ihr an diesem Tag zuhause ankomme und mit einer roten Rose und einer weißen Feder in der Hand aus der Fahrertür steige, als stiege ich auf meiner Abenteuerfahrt von meinem geharnischten Ross, obwohl es eigentlich nur ein Leihwagen ist. Wir suchen uns und fließen ineinander. Wo auch immer: Wir zelebrieren in Hotelzimmern den Gottesdienst unseres Wiedersehens mit Bildchen vom tibetischen Lama, mit Kerzen, brennenden Öllämpchen und Räucherstäben, mit buddhistischen Ritualgegenständen, kleinen Teppichen und bunten Seidenschals. Wir finden einander und erleben tiefe Einheit, als wären wir seit Jahrhunderten nie getrennt gewesen. Wir sind uns so ähnlich, als wären wir zwei Dualseelen aus unendlich vielen vorherigen Leben. Wir wollen niemanden und niemals verletzen und tun es in diesem Moment doch zutiefst. Wir machen uns, ich mache mich schuldig

Der Schatten unserer Tat wurde auf Jahre vorausgeworfen. Fortan werde ich meinen Kindern einen anwesenden Vater schuldig bleiben. Meiner Ehefrau entzog ich das versprochene „Ja". Sie musste auch die Last der Erziehung von vier Kindern nun vorwiegend alleine tragen. Hätte ich denn nicht wenigstens „bleiben können, solange die Kinder noch klein sind", so wie es mir damals meine Zen-Lehrerin vorschlug? Meine Frau war dafür zu sehr verletzt und hätte meine Gegenwart sicher nicht mehr ertragen können. Unsere große Unterschiedlichkeit war spätestens jetzt aufgebrochen. Verantwortlich für das Scheitern unserer Ehe waren am Ende wir beide, jeder auf seine Art. Heute frage ich mich, ob es soetwas wie „Schuld" wirklich gibt. Oder ist das nur unsere duale moralische Vorstellung von einer Wirklichkeit, die in Wahrheit viel differenzierter und ungeteilt ist? So oder so: Meine Entscheidung für diesen Weg führte dazu, den mir Anvertrauten etwas schuldig geblieben zu sein. Jede Entscheidung führt dazu. Denn egal, wie wir uns entscheiden im Leben, machen wir uns schuldig. Entweder anderen gegenüber oder uns selbst. Handeln oder Nicht-Handeln führt zur Schuld. Wir leben auf der Erde permanent in solchen Schuldzusammenhängen. Und diese scheinen wichtig zu sein, um uns zu einem Bewusstsein unserer Verantwortung zu bringen. Aus ihr heraus haben wir sogar die „Pflicht, uns schuldig zu machen", denn wir sind stets aufgerufen, uns zu entscheiden und tätig zu werden. Auch mein Vater hatte das im Krieg wie kein anderer erfahren müssen...Sein kleines Ritterkreuz musste für ihn irgendwann das Gewicht einer bleiernen, großen Schuld bekommen haben.

Die Warnung

GÖTTERDÄMMERUNG

Das Gericht

Das geht so weiter, bis wir bei einem unserer romantischen Treffen im Wald gesehen werden. Eine aufmerksame Mutter aus meiner Klasse berichtet meiner Frau. Es folgt, was folgen muss. Zwar wirbt die Verzweifelte noch hilflos um ihren Mann, zeigt mit einem mal Interesse: Ich könne doch einmal "Milarepa", den tibetischen Heiligen und Dichter für sie malen... Aber es ist zu spät. Jetzt habe ich einen Vergleich. Als mir klar wird, dass uns unsere Kinder, aber als Paar nicht genug verbindet, ist der Bruch vollzogen. Denn ich kann von der fremden Frau nicht lassen. Ich soll ausziehen und mir ein Zimmer nehmen. Dies scheint im Angesstelltentrakt des Altenheims möglich, für das ich als Student bereits gearbeitet hatte. An diesem Tag ist meine Ehefrau mit meinen kleinen Kindern in der Küche um den Esstisch versammelt. Mein Großer hockt fassungslos da. Sein jüngerer Bruder hat den Daumen im Mund und das Stofftier an sich gedrückt, der Kleine das Figürchen am Teller. Das Töchterchen ist erst ein Jahr alt und hat lauter blonde Locken. Alle schauen stumm, mit großen Augen zu mir, dem Vater, als ich mich verabschiede und die Wohnungstür hinter mir schließe. Es ist, wie an jenem Tag unserer Urlaubsreise, als ich zu spät mit den Koffern am leeren Bahnsteig ankomme, meine Frau und die schreienden Kinder aber schon umgestiegen und ohne mich weiter gefahren waren. Die Kinder sollen bei der Abfahrt nach ihrem Vater geschrien haben. Doch diesmal gibt es kein Wiedersehen an der nächsten Station. Unsere Wege trennen sich endgültig. Am schlimmsten Tag in meinem Leben bin ich ohnmächtig vor Trauer und brennendem Schmerz. Was habe ich getan !? Ich kann doch nicht einfach meine Kinder verlassen! All das hier opfern? Ich bin wie tot. Wäre da eine Grube für einen Sarg, ich würde gleich vor dem Haus hineinspringen. Auch meine Eltern in meiner Heimatstadt sind hilflos. Mein Vater meint nur: "Man kann nichts machen." Und meine Mutter warnt mich am Telefon vor den Folgen der Trennung: "Du nimmst den Kindern ihr Dach über dem Kopf weg." Doch mir bleibt nur übrig, das wenige Kilometer entfernte Zimmer zu beziehen. Die dortige Leitung des Heims hilft mir in der Not. Wie ein Gestrandeter stehe ich nun schon wieder da, als neben mir eine ehemalige Kollegin aus der Hauswirtschaft für mich im Zimmer mit sichtlichem Missfallen das Bett bezieht. Es dauert nicht lange und es weiß jeder. War es zu verübeln, dass mich nun so gut wie alle für einen „Verbrecher" halten, der eine unschuldige, treue Frau mit vier kleinen Kindern betrogen hatte und nun anscheinend wegen einer Geliebten verlässt? Nicht nur in der Siedlung.

Es spricht sich auch an der Schule herum. Einst freundliche Nachbarn weichen meinem Blick aus, kennen mich auf einmal nicht mehr. Im studentischen Meditationskreis der katholischen Hochschule fordert mich der Leiter auf, mich wegen meiner Trennung vor den anderen Mitgliedern zu rechtfertigen. Als ich ihm antworte, dass ich nicht vor ihm rechtfertigen würde, was ich allein vor mir zu rechtfertigen hätte, untersagt er meine weitere Teilnahme. Ich bin herausgeworfen. Zwar ist mir klar, dass seine moralische Reaktion von kirchlichen Wertvorstellungen geprägt ist und nicht viel mit der wertfreien Klarheit des ZEN zu tun hat, aber nun bin ich gebrandmarkt. Meine Trauzeugen sind ebenfalls empört, vielleicht auch verletzt. Bestimmt fühlen sie ihre Verantwortung und sehen sich aufgerufen, diese junge Familie zu schützen, meine Frau und die kleinen Kinder vor mir zu schützen! Hatte sie doch einst das Ritual im Kultus der Gemeinde während der Trauung ausdrücklich zu "Wächtern" unserer sakramentalen Bindung bestellt! Und als solche treten sie nun auch auf den Plan. Doch aus Wächtern werden schnell „Richter". Ich begründe meine „Liebe" zu „Gratia". Doch sie fordern mich ultimativ auf, mich einer Unterredung mit ihnen zu stellen. Sie sind gerüstet. Wieder einmal soll ich vor Gericht gestellt werden. Ich berichte meiner Meditationslehrerin davon: „Ich werde immer wieder vor Gericht gestellt." Sie aber antwortet mir: "Du kannst dich ja mal fragen, was es in dir ist, dass das Gericht immer wieder anzieht."

Bin ich schon wieder in die Opferrolle gerutscht? Wer sich aus seinen Schuldgefühlen heraus glaubt, wie ein Angeklagter verhalten zu müssen, indem er sich immer rechtfertigt, zieht die Richter an. Sie tun nur das, was man unbewusst mit sich selber tut: Sie richten. So wurde mein Leben eine ständige Wiederholung des Musters, vor „Gericht" zu stehen...

Als ich auf Empfehlung meiner Lehrerin ablehne, bin ich unten durch. Auch die Beziehungen der Trauzeugen erscheinen gestört: Die eine hat viele Kinder von verschiedenen Vätern, der andere vermag sich gar nicht in eine Beziehung zu binden. Was also heißt „Wächter" sein? Hätten nicht gerade sie erst einmal Verständnis dafür aufbringen müssen, wie schwer es ist, eine Beziehung zu führen? Nein, einen solchen Schritt kann und will niemand verstehen. Ich habe ihr Ideal der glücklichen kleinen Familie schmählich verraten, Frau und vier kleine Kinder verlassen. Man projiziert lieber und wirft mit "Steinen". Das Über-Ich wird bemüht und schnell das „Urteil" gesprochen: Ich werde von dem ehemaligen Freund einfach als "Mann der Abschiede" beschimpft. Nach einem Jahr erreicht mich der Brief des Anwalts. Meine Frau hat die Scheidung eingereicht. An diesem Tag kommt sie mit einem schwarzen Kleid zum Gericht.

Dadurch wird sofort klar, wer hier der Schuldige ist. Wieder folgt, was folgen muss. Gegen die zu hartem Unterhaltskampf bereite Anwältin hat mein Anwalt keine Chance. Da ich meine Familie bislang finanziell nicht unterstützt habe, fordert sie mich ultimativ auf, den Rückstand zu bereinigen. Vor Gericht sage ich, dass ich kein Geld habe. Und mein alter Anwalt weißt kleinlaut darauf hin, dass ich inzwischen arbeitslos bin und im Altenheim wohne. Aber die Kurzhaarige ist unbeugsam und scheint es diesem treulosen Verräter von Frau und vier Kindern zeigen zu wollen. Herrisch und mit emanzipatorischer Geste ruft sie durch den Gerichtssaal: "So schnell können sie gar nicht schauen, wie ich sie pfänden lassen werde!"- Als ich laut kontere: "Ach ja?!- Was wollen sie denn pfänden!?: Einen Tisch, ein Bett und einen Stuhl vom Altenheim?!", hält mein Anwalt es für angebracht, mich milde zurück zu halten. Irgendwie ist es wie auf freier Wildnahn: Sie ist die Schlange und er ist der Igel. Die horrenden Bafög-Schulden werden allein mir aufgelastet, obwohl wir als junge Familie alle davon gelebt hatten. Mein Anwalt ist ein alter Sozialdemokrat und verzichtet als solcher im Nachhinein darauf, mich "nackt auszuziehen": Er fordert von mir nicht den vollen Lohn für seine Arbeit ein. Denn "einem nackten Mann kann man nicht in die Tasche greifen".

*

Das kindliche Bild vom Gralssucher; der anbetend vor der wundersamen Schale kniet, scheint nun endgültig zerbrochen. Wie weit bin ich von diesen mystischen Höhen in die Realität meiner selbst gefallen! Und doch, wenn ich heute in meinem Innern die Scherben des alten Andachtsbildes wieder zusammensetze, erscheint ein neues, ein anderes Bild. Es ist das eines werdenden Mannes, der mit seinem Schatten ringt. Er tut es auf seinem Weg immerwieder und in unterschiedlicher Form und Gestalt. Darum soll dieser Mythos hier nocheinmal stehen: Wolfram von Eschenbach erzählt in seiner Rittersage aus dem Jahre 1200 von „Parzival", dem jungen Tor, der seine Mutter verlässt, um in die Welt auszuziehen. Sein Vater ist verschollen, doch will er wie er ein Ritter werden. Parzival giert so leidenschaftlich nach Ruhm, dass seine Heldenreise ein Weg voller Irrungen und Schuld wird. Schließlich gerät er auf seiner „Aventüre" wie durch Zufall auf die Burg des Gralskönigs Amfortas. Hier begegnet er seinem zukünftigen Schicksal als Hüter des Grals. Inmitten einer seltsam leidenden Rittergesellschaft wird dem Gast die geheimnisvoll leuchtende Schale vorgeführt. Vom Spektakel geblendet und zugleich noch in ritterlichen Konventionen gefangen, versäumt er es aber, sich beim Gastgeber zu erkundigen, warum dieser solche Schmerzen habe. Aus der Burg herausgeworfen, wird er nun öffentlich angeklagt. Die Hexe „Cundry" verflucht ihn und bezichtigt ihn, die alles erlösende Frage versäumt zu haben. Er habe dem verletzten Gastgeber gegenüber kein Mitgefühl gezeigt und sich so schändlich und ohne Mannesehre verhalten. (Anhang 3)

Wenn wir Mythen missbrauchen, um unser Leben nachträglich zu verklären, wenn uns Mythifizierungen helfen, der nackten Wahrheit eigener Schuld auszuweichen, gestalte ich dann nicht genauso den persönlichen Lebens-Mythos, wie mein Vater es tat? Was soll die Geschichte des „Parzival"also an dieser Stelle? Für mich hat sie heute einen anderen Wert: Der mystische Gral hält den jugendlichen Blick nicht länger gefangen. Aber der Gralsweg ansich ist für mich doch auch jetzt noch ein Symbol voller Tiefe. An der Schwelle zum Alter drängen sich die Wahrheiten des Lebens selbst hervor. Die Abenteuer-Reise des „Helden" gleicht unser aller Weg durch das Leben, das uns schuldig werden lässt. Denn in Wahrheit wäre der Gral von Anfang an niemals ohne dieses Irrungen zu erkennen gewesen. Der Gralsweg als Weg zu tieferer Selbsterkenntnis schließt die Erfahrung der eigenen Schattens mit ein. Es gilt für alle Beteiligten des Dramas: Mangelndes Mitgefühl beschwört die Schuld herauf und damit das Gericht. Das hatte ich wie Parzival erfahren. Statt Mitgefühl zu üben, ließ ich mich wie er von meiner Leidenchaft blenden. Und statt Mitgefühl aufzubringen, inszenierten andere für mich Gerichtsszenarien. Denn in einer Gesellschaft, wie der unseren, die mit Idealen und moralischen Wertvorstellungen überzogen ist, scheint es schwer zu sein, den Blick auf die Realität zu lenken. Auf das, was ist. Dies gilt mehr noch für eine „Alternativ"-Welt, die ihren Bestand besonders diesen Idealen verdankt. Aber auch im privaten Bereich würde die Wirklichkeit in ihrer Vielschichtigkeit erscheinen. Dann wären Gespräche und Lösungen für die Probleme eher möglich. Wo aber in einer Notsituation die moralische Empörung wichtiger ist, als der nüchterne Blick, wo lieber projiziert, als verstanden wird, gibt es am Ende nur Verlierer. Unsere inneren "Richter" treten sofort auf den Plan. In dem Maße, wie wir uns selbst verurteilen, werden wir verurteilt und verurteilen wir andere. Angeklagter oder Richter: Es ist letztlich dasselbe. So übernehmen Richter wie überall den „Job" und hinterlassen nichts als „Verletzung", „Kränkung", „Schuld", „Scham", „schlechtes Gewissen" und „Selbstgerechtigkeit". So befestigen und vertiefen wir die Illusionen und die privaten und öffentlichen Gräben, oft auf Jahre. – Doch ist meine Enthüllung der Gegenwart der „Richter" in meinem Leben denn so viel anders? Ist meine Kritik an ihrem Verhalten nicht am Ende selbst die Tätigkeit eines „Richters"? Der Ausfluss eigener Kränkung durch das Leben? Es gilt der Versuchung zu widerstehen, es ihnen heimzuzahlen und „Rache" zu üben. Auch ich urteile. Und es ist schwer, Urteile zu umgehen, gerade dort, wo wir das eigene Leben betrachten. Wir alle urteilen. Urteilen gehört zu den ganz normalen menschlichen Fähigkeiten und Aktivitäten. Doch ich glaube, es ist wichtig, für andere darin mit unseren Gefühlen sichtbar zu bleiben. Wir sollten unserer Kritik am Verhalten bestimmter Personen unabhängig davon immer deren Wert und Würde zugrunde legen, uns trotzdem auch um ein Verständnis für die Beweggründe ihrer Handlungen bemühen. Wo wir dies nicht tun, "richten" wir selbst. A2) Meine und auch ihre „Rollen" zu demaskieren, sie mit der Frage nach mehr Menschlichkeit zu konfrontieren, bleibt für mich unabhängig davon ein berechtigtes Anliegen.

Im Abgrund

Ich liege nachts im Bett, in meinem winzigen Zimmer. Ein kleiner Tisch, ein Stuhl, ein eingebauter Schrank aus Holz. Vor den alten Fenstern die Vorhänge des Hauses. Das steht hier bestimmt schon über hundert Jahre. Ich schaue in den Hof auf eine alte große Eiche, deren Blätter vor meinem kleinen Fenster hängen. Meine Wohnungstür liegt an einem kleinen dunklen Gang, zu dem eine knarrende Holztreppe von der großen Küche führt. Alles hier dämmert vor sich hin, ist dunkel und muffig, wie die Gerüche auf Station, einer Pflegestation, wo es manchmal nach den Gerichten der Küchenfrauen riecht, oft aber nach Fäkalien, vollen Windeln für die Alten und nach Medizin. Wenn ich nachts aufwache, höre ich die Rufe verwirrter Bewohner, ihr einsames Schreien. Denn ich wohne oberhalb der Pflegestation des städtischen Altenheims und hier stehen so manche gar nicht mehr aus ihren Betten auf. Hier wird gestorben. Hier habe ich als Student vor zwei Jahren damit begonnen, für meine Familie an Wochenenden und in den Semesterferien Geld dazu zu verdienen, habe eine ganz eigene Welt kennengelernt, war auf einmal inmitten von "Tod und Teufel". Jetzt aber wohne auch ich hier. Einer meint: "Praktisch!". Dann könnte ich im Alter gleich hierbleiben. Aber mir ist nicht zum Lachen zumute. Unter den Patienten ist eine, die mir besonders ans Herz gewachsen ist: Wenn ich als Hilfspfleger früh morgens in ihr Zimmer komme, liegt sie manchmal halb nackt zwischen Bett und dem Boden und schreit mit großen Augen, weil sie, wie sie mir aufgeregt erzählt, draußen vor dem Fenster wieder ihre Mutter gesehen hat…Wie oft fühlt sie sich dann gerettet, wenn ich sie freundlich begrüße, das Licht im Zimmer anschalte und sie mit ruhiger Stimme ins Bett zurück hebe. Dann beruhigt sie sich und bittet mich, ihrem Hund Wasser hinzustellen und auf eine Untertasse ein wenig Brot. Der ist unsichtbar, aber ich diskutiere nicht, sondern füttere ihn einfach. Eine einst erfolgreiche, in der Stadt beliebte Ärztin, die in ihrer Einsamkeit immer wieder von ehemaligen Patienten mit Blumensträußen besucht wird. Wie oft sitze ich in der Pause oder nach Dienstschluss an ihrem Bett und lese ihr aus dem Buch chinesischer Weisheit vor: "Dschuang Dsi". Denn Frau Dr. Rötter hat Stil und ist gebildet. In Phasen, in denen sie nicht die Verwirrung überfällt, antwortet sie auf meine Fragen wie aus unendlicher Perspektive. Man muss erst darüber nachdenken, was die Antwort mit der Frage zu tun hat. Was sie meint. Dann offenbart sich ihre Tiefe. Hier ist so viel Würde, Lebensweisheit und so viel Elend nah beeinander. Manchmal bin ich hier auch im Zirkus: Dann muss der ehemalige Lokomotivführer von der Hauptverkehrsstraße wieder eingefangen werden, weil er aus dem Heim ausgebrochen ist und nun ziellos und stur in die Freiheit läuft. Oder wir Pfleger schützen die alten Damen beim Abendessen wie bei einer Demo in einer Polizeilinie, weil die Nachbarin wild schreiend und mit rollenden Augen auf sie los geht.- Aber jetzt ist es Nacht und die meisten schlafen. Frau Dr. Rötter schreit wieder. Oder ist es diesmal ein anderer? Ich liege in der Dunkelheit, als wäre ich selbst ein Sterbender, gescheitert von allen hochfliegenden Plänen meines Lebens, gestrandet in meinem Versagen. Umgeben von wahnhaftem Schatten, von Tod und Sterben. Tagsüber gehe ich auf die Pflegestation durch das mir wohlbekannte „Schwarze Loch" in eine andere Welt. Eine Welt, die nach wie vor für viele Menschen relativ unbekannt ist. Eine dunkle Parallelwelt, die durch das Universum treibt. Altenheimfeste, fürsorgliche Pfleger und engagierte Therapeuten und Sozialarbeiter…Es bleibt die Scholle der Sterbenden. Hierhin werden die Alten abgeschoben, weil sie zu gebrechlich sind. Weil derjenige naht, der das Anlitz schon vor ihrem Tod auslöscht, die Gesichter der Dementen. Sie kommen,weil die Tochter, der Sohn, die Familie damit überfordert ist, sie rund um die Uhr zu pflegen. Viele Angehörige sind zutiefst verletzt von der Veränderung der alten Mutter, des Vaters, deren vertraute Persönlichkeit man nicht mehr wieder erkennt, weil sie fast verschwunden ist. Jetzt ist hier auf einmal einer, der in seiner Verwirrung nur noch vor sich hin dämmert, wie eine Pflanze, selten ansprechbar, als befinde er sich in einer eigenen fernen Welt. Nur wenn ich nachmittags mit ihnen am Tisch sitze und die schönen, alten Volkslieder singe, blühen sie wieder auf. Oder die Verlassenen und Abgeschobenen erwachen auf einmal zum Glück, wenn sie unverhofft Besuch bekommen, die eigenen Kinder und die Enkelkinder, wenn sie wie Retter durch den Eingang der Station treten. Dann möchten die Rollstuhlfahrer am Esstisch am liebsten aufstehen und sie freudig begrüßen, dann sind sie plötzlich wie ausgewechselt und wie erwacht aus tiefer geistiger Umnachtung. Auch wenn kleine Kinder und Hunde kommen, ist es, als wären sie nie verwirrt gewesen.- Seltsam. Wieder laufe ich hier hin und her, ziehe sie morgens aus dem Bett, wasche sie und wickele sie, führe sie aufs Klo und zum Frühstück, füttere sie und verteile Medikamente. In der Spätschicht dagegen wird nachmittags gebadet und abends wieder ins Bett gebracht. So leben sie tag ein, tag aus. Und wenn es dann ans Sterben geht, dann werde wieder ich gerufen. Das Sterben geht hier einfach weiter, wie schon seit Jahren. Leid und Tod sind uferlos.

Ist es denn gar nicht möglich, schon in diesem Leben das jenseitige Ufer zu erreichen? Die Grenzen zu überwinden, an denen wir Menschen so oft verzweifeln?

Doch der junge „Bodhisattva" kehrt zurück. Er sucht nicht Erleuchtung allein für sich. Er möchte bei den Leidenden sein. Er will wie Christus, der Held, absteigen in das Reich der Toten: Es wird so unterschiedlich gestorben, wie die Menschen verschieden sind. Eine alte Frau dämmerte mit einem leisen Zucken in meiner Hand hinüber, eine andere erstickte furchtbar ohne Aussicht auf Rettung. Die Ärztin, der Stationsleiter und ich sind in diesem Moment dabei. Wir legen uns die Hände auf die Schultern und bilden einen schützenden Kreis um sie. Die Krämpfe, das Röcheln und Glucksen: Es ist furchtbar. Keiner, auch die Ärztin nicht, kann in dieser Situation noch helfen. Ein anderer alter Herr liegt in seinem Bett auf dem Rücken und staunt mit großen Augen vor all dem Licht, das er auf einmal sieht. Eines Tages besuche ich eine Liebgewordene in der Klinik am Totenbett, um für sie die Abschiedsworte aus dem Johannes-Evangelium zu sprechen. Ihr Leichnam war in einen Nebenraum geschoben. Selbst den Vater eines guten Freundes, besser seine Leiche, wasche ich nach seinem Tod. Wieviel Pläne hatte er noch, als er eingeliefert wurde. Doch sein Humor erstarb von Tag zu Tag. Und auch er begann in der alltäglichen Trostlosigkeit in den Dämmerzustand zu versinken. Dennoch tut man im Heim so viel für die alten Menschen, feiert mit ihnen und lädt sie ein, wo man kann. Einmal werde ich von der Heimleitung gebeten für alle Alten am 6. Dezember den Nikolaus zu spielen. Mit dem weiß-roten Gewand, dem angeklebten Bart, der Mitra auf Kopf und dem goldenen Bischofsstab in der Hand ziehe ich durch den dunklen Gang, von Tür zu Tür. Mein Weg gleicht dem eines Seelsorgers, dem besonders die alten Frauen ihr Schicksal anvertrauen. Hier dürfen sie wieder Kinder sein. Dreimal bin ich an diesem Ort: Einmal als Hoffnungsträger, denn man weiß, ich will danach ans Priesterseminar gehen, einmal zurückgekehrt als zukünftiger Mauerdorflehrer,- und nun? Ein drittes Mal „auf Abruf", eigentlich arbeitslos, ein Gescheiterter. "Schau, dass du bald in deinen Beruf zurückgehst. Du gehörst hier nicht her", meint eine junge Kollegin. Eines Morgens tut es einen Schlag vor meiner Tür: Meine liebe Zimmernachbarin, eine Jugoslawin, die eigentlich kurz vor der Rente steht, liegt zusammengebrochen vor meiner Tür. Auf dem Weg zur Toilette auf dem Gang hat sie der Tod ereilt. Ich öffne, beuge mich erschreckt herunter und nehme sie in die Arme. Da schaut sie mich an, schon wie eine fern Entrückte, sagt nur noch erstaunt: "Paul" und stirbt. Ich rufe sie beim Namen und schüttle sie, aber sie ist schon weg. Ich laufe herunter auf die Station. Man holt den Krankenwagen. Der Notarzt und ich versuchen, sie mit Mund zu Mundbeatmung wieder zu beleben, aber es ist vergebens. Als ich die Nachricht von ihrem Tod den Frauen in der Küche überbringe, weinen alle. Ich liege also nachts an diesem Ort, an dem geschrien und gestorben wird und bin so einsam wie sie. Ich liebe meine Kinder und vermisse sie. Ich fühle mich mehr als schlecht. Ich habe heftige Schuldgefühle. Ja, ich habe mich von meiner Frau getrennt, aber niemals von ihnen! In dieser Situation erinnere ich mich daran, dass ich einst als junger Vater meine ehemalige Klassenkameradin Karen in der Nähe von Worpswede besucht hatte. Schon immer war sie anders als all die anderen. In der Klasse galt sie in ihrer ganzen Art immer als extrem. Doch hier ist der Wohnraum mit dem Flügel umstellt von spiritueller Kunst. Denn sie spielt nicht nur Klavier, sie malt und plastiziert auch. In ihrem kleinen hübschen Mietshaus unterhalten wir uns über alte Zeiten. Da fragt sie auf einmal, ob sie mir eine "Durchsage" machen soll. Ich bin überrascht, ich weiß nichts von ihrer anscheinend medialen Begabung. Im Obergeschoss des Hauses sitzt sie mir nun gegenüber, schaut auf ihre beiden offenen Hände und verfällt in Trance. Nach einigen Minuten kommt sie zu sich und behauptet, sie hätte gerade von höchster Ebene eine Mitteilung erhalten: Ich würde einmal Frau und Kinder verlassen und eine Art Jüngerschaft gewinnen. Ich bin wie vom Donner gerührt und vollkommen erschrocken. Das kann nicht sein, niemals werde ich meine Familie verlassen! Meine Empörung über ihre Frechheit ist so groß, dass ich wenig später den Kontakt zu ihr abbreche. Karen zieht fort. Ich werde nie wieder etwas von ihr hören. Jahre später heißt es, sie hätte auch die Verbindung zu ihrer Familie abgebrochen und sei nach Italien gegangen. Doch jetzt fällt mir ihre Prophezeiung ein. War sie nur eine "self fulfilling prophecy" und mein Unterbewusstsein hatte in Wahrheit all das vorbereitet? Morgen hole ich die Kleinen auch zum Übernachten in mein enges Zimmer. Dann liegen wir wieder ganz eng wie die Meerschweinchen nebeneinander. Oder wir fahren in Zügen durchs Land, machen an Wochenenden Ausflüge zu vielen Burgen oder schauen Filme. Meine Frau erlaubt es gar, dass ich in die alte Wohnung kommen darf. Und so lese ich meinen Kindern jeden Abend beim Einschlafen vor oder erfinde eigene Rittergeschichten, baue mit ihnen weiter an der selbstgegossenen Ritterburg. Jahrelang feiern wir trotzdem als ganze Familie Geburtstage, Ostern und Weihnachten. Aber ich passe da immer weniger herein, bin irgendwann nur noch ein Gast, der sich herauszuhalten hat und kann ihnen bei mir nichts bieten. Sie leben weiter bei ihrer Mutter, in der schönen ökologischen Siedlung mit Sandboden, Bäumchen und Fließschalen für das Quellwasser. Brennend ist mein Schmerz, wenn ich durch ihren Innenhof gehe, ohne dass sie wissen, dass ich zufällig in ihrer Nähe bin. Ich vermisse sie alle und könnte nie ohne sie sein. Aber auch meine Angebetete ruft nur noch wenig an. Wenn es gelingt, hängen wir nachmittags und besonders abends miteinander am Telefon, als wäre es eine gemeinsame Lebensader. Verzweifelt kämpfe ich um diese Frau, die sich selbst von ihrem Mann nicht trennen will, die sich für mich nicht entscheiden mag. Als junger Mann mache ich mich von einem illusionären

Traum abhängig, bin süchtig nach "Gratia", wie nach einer Droge, die mich den Schmerz meiner Trennung von den Kindern ertragen lässt, warte Stunden vor dem Telefon auf ihren Anruf, lege mein Glück in die Hände eines anderen Menschen. Einmal höre ich nachmittags auf dem Gang zufällig mein Telefon und laufe in mein Zimmer: Sie ist es! So, als stürze ich mit ihr in tiefstes Glück, dass wir uns wieder gefunden haben. Doch es ist nur an der Leitung. Sie kommt nicht. Seit ihr Ehemann ihr droht und sie erpresst, versiegen ihre Besuche. So hocke ich hier alleine, wie Don Quichote, ein Kämpfer gegen Windmühlen-Flügel. Da erreicht mich eines Nachts der Anruf meiner Mutter: "Vater ist gestorben."- "Ach ja?"- Ich hatte ihm noch nach seinem 10 jährigem Schweigen zwei lange Briefe geschrieben. Einen ersten mit viel Wut. Darin tötete ich seine „richterliche" Autorität: Ich wäre nicht mehr bereit, seinen Erwartungen zu entsprechen. Er hätte damals kein Recht gehabt, mich aus der Wohnung zu werfen. Denn *ich* wäre es gewesen, der all die Jahre die kranke Mutter auffing, während er fort war. Und einen zweiten voller Liebe, in dem ich ihm für alles dankte, was er Schönes mit mir gemacht hatte. Aber er antwortete nicht. Kein Happy-End. Nun ist er tot und ich schlafe einfach weiter. Am Ende ist alles zusammengebrochen, was ich aufbauen wollte. Ich vegetiere in diesem Zimmer, ohne familiäres Netz, getrennt, in tiefster Einsamkeit, arbeitslos und in großen finanziellen Schwierigkeiten. Der

„Held" ist am scheinbaren Ende seiner Reise in eine Wüste voller Tod und Sterben geraten. Er steht nun wie Parzival vor den Folgen seiner Taten. Aber der Himmel hat mir Helfer geschickt. Die Telefonate mit einem hellsichtigen Freund an der Ostsee und meiner Zen-Lehrerin im Allgäu halten mich am Leben. Immer wieder in meinem schweren Leben ziehe ich Medien an: Wenn beide nicht gewesen wären, wäre ich wahnsinnig geworden, vielleicht auf Jahre in unendlich dunkle Tiefen gefallen. Der Töpfer für Keramik eröffnet mir immer wieder mögliche Perspektiven; er erklärt mir aus seiner Wahrnehmung heraus die derzeitigen astrologischen Bedingungen und Möglichkeiten (Anhang1). Die andere führt mich einfach immer wieder zu mir, in meine Mitte. Kurz nach dem Tod meines Vaters sage ich zu ihr am Telefon: "Ich stehe vor dem Nichts." Da antwortet sie: "Du stehst nicht vor dem Nichts, sondern vor einem Problem." „Ich bin so einsam." Sie aber entgegnet: „Das ist ja gerade das Wesen der Einsamkeit, dass du dich an andere hängst." Ich meditiere so viel ich kann, bin manchmal von Kraft erfüllt, dann wieder liege ich in meinem winzigen Zimmer erschöpft und verzweifelt am Boden. "In dieser Zeit warst du mehr tot als lebendig, " sagt im Rückblick ein Bekannter zu mir. Einmal wache ich nachts wieder auf, diesmal aber, weil ich laut und deutlich den Klang einer männlichen Stimme höre, als stünde jemand direkt neben meinem Bett. Er ruft dreimal meinen Namen: "Paul", "Paul"...."Paul!". Ich schlage verwundert die Augen auf und schaue um mich, aber da ist niemand im Raum. Ich stehe auf, öffne die Tür und blicke zum nächtlichen Gang heraus. Aber auch da ist niemand, es ist still, muffig und dunkel. Man hört nur leise das Gebälk knacken, alle schlafen.

Es ist, als hätte mich am Tiefpunkt meines Lebens mein Engel durch mein Unterbewusstsein zu mir gerufen, in meine Mitte. Als wäre mir bedeutet worden, ich solle aus meinem illusionären Traum endlich aufwachen, mich nicht weiter von einer Frau abhängig machen, die mich nicht will und mein neues Leben in die Hand nehmen. Ich solle innere Freiheit verwirklichen und mein Leben wieder leben. A3)

So oft wir uns, - und das geschieht normalerweise, mit unserem Körper sowie mit unseren Gedanken und Gefühlen identifizieren, leben wir in der Vorstellung, von allem, was uns umgibt, getrennt zu sein. Dieses Getrenntsein beschleicht uns immer wieder als Gefühl der „Einsamkeit" und gehört zu den Grunderfahrungen der menschlichen Existenz. Wir können dieses Leiden durch allerlei Aktivitäten und Kontakte betäuben. Aber genauso wie der Körper subjektiv für Trennung und damit für Identität steht, kann unser Bewusstsein ihn im Körpergefühl selbst wahrnehmen und mit ihm als Organ der Wahrnehmung die „Verbindung" suchen. Wir können mit ihm die Welt „berühren". Denn es ist immer möglich, z.B. den Gegenständen des Alltags sanft und freundlich zu begegnen, anstatt sie wie Feinde hart, laut und ungeduldig zu „benutzen". Etwa einen Augenblick lang ihr Material, ihre Temperatur und Eigenart zu fühlen, macht sie nicht mehr nur zum „Mittel" für einen "Zweck", sondern zu einem Konzert freundlicher „Begegnungen". Je mehr wir uns aber so mit „leiblicher Präsenz" bewegen, d.h. im körperlichen Ausdruck auch seelisch anwesend sind, desto mehr können wir die Erfahrung machen, dass das Berührte und Gehörte usw. in Wahrheit nicht getrennt von uns ist. Diese Art Gegenwart wahrzunehmen, öffnet langsam das Geheimnis, so erst ganz zu uns zu kommen, indem wir uns mit den Dingen um uns verbinden. Menschen, Tiere und Pflanzen, Gegenstände und allerlei Wahrnehmungen. Wir öffnen Räume zu Allem. Aus „Einsamkeit" kann so immer wieder erfülltes „All-ein(s)-sein" werden.

Du bist zu idealistisch

Es ist Sesshin: Draußen ist es schon dunkel. Wir sitzen im großen Zendo, etwa 30 Meditierende unter einem Dach. Wir verharren bewegungslos im Lotussitz oder knien auf unserem Platz. Ein jeder hat auf dem hellen Teppichboden eine schwarze Sitzmatte und Sitzkissen oder eben einen kleinen Hocker. Manche brauchen einen Stuhl. Aufgereiht an den weißen Wänden, im warmen Abendlicht der Lampen über uns. Auch in der Mitte des Raumes, in einer Linie vor und hinter den aneinander gestellten Wänden aus Holzstäben und hellem Tuch sitzen Meditierende. Wir sitzen und schweigen, sind konzentriert und müde, manche erleichtert, dass ein ganzer Tag der Übung endlich ein Ende hat.

Denn Zazen zu üben ist hart, nichts für Romantiker: Etwa sechzehn mal am Tag 2 Minuten auf seiner Matte still sitzen und nur atmen, immer wieder zurück kehren von tausend Gedanken, die einem durch den Kopf ziehen. Es heißt zurückkehren einzig zu dieser Übung, jenseits der Gedanken eins zu werden mit dem eigenen Atem, der einfach fließt. Oder mit einer speziellen Übung hineingehen, immer wieder in die Konzentration. Und manchmal dann, wenn man müde wird und nicht mehr kämpfen mag gegen diese Tortur, gegen ablenkende

Schmerzen in Rücken und Beinen, einfach loszulassen. Plötzlich dann komme ich in der Stille des gegenwärtigen Augenblicks an, ganz bei mir, warm, hell und weit. Wir reden nicht miteinander, nur wenn es nicht anders geht. Um in der Übung zu bleiben.Wir essen aber zusammen und arbeiten nachmittags in Haus, Hof und Garten. Wir sind in allem möglichst bei dem, was wir tun. Kehren auch hier immer wieder zurück, nur zu dieser Handbewegung, zu diesem Augenblick.- Jetzt aber sitzen wir nicht mit dem Gesicht zur Wand, sondern gesammelt und still zum Raum. Der Zendoleiter kniet sonst am unteren Ende des Raumes. Jetzt aber im 2.Stock vor dem Dokusan-Zimmer der Lehrerin. Dort beendet er mit rhythmischem Schlag auf die metallene Glocke die Schüler-Lehrer-Gespräche des heutigen Tags. Der Klang hallt durchs Haus.Wir wissen: Nach ihm wird auch unsere Lehrerin die hölzernen Stufen herunter kommen, in den großen Saal zu uns. Sie tut es nach einer Weile, sanft und fast lautlos. Sie betritt in sommerlichem, schwarzem Kleid, mit Jacke und farbigen Schal den Raum. Sie macht einen Schritt über die Schwelle, führt die Hände gefaltet vor die Brust und verneigt sich tief in unsere Mitte. Nicht weit von der Tür sitze ich und staune. Ich blicke nicht zur Sammlung vor mich auf den Teppich, ich schaue zu ihr. Denn es ist das erste Mal, dass ich diesem Ritual beiwohne. Diese Verbeugung ist so anders als alles, was ich kenne. Da ist kein Guru, nicht eine Spur von gezierter

Selbstgefälligkeit, nichts Künstliches, kein gewollter Glanz, ja, gar kein Wollen. Ich sehe in diesem Moment nur Hingabe an die Bewegung der Verbeugung, an den Moment, auch in ihrem Schreiten an uns vorbei auf dem hellen Teppich zum Kopf des Raumes, reines Fließen, Einheit, als wäre nicht nur Seele und Geist, auch ihr Körper pures Sein. Kaum, dass sie den Raum betritt, ist mit einem Mal die Atmosphäre erfüllt von tiefem Frieden. Als bei der Abendzeremonie das Haus vom Klang des riesenhaften Gongs erzittert, ist es, als öffne sich für mich der wahre „Himmel" und mit ihm der Damm meiner Emotionen. Mir rollen im Stillen die Tränen: Nein, hier werden keine klugen, erschöpfenden Vorträge über "höhere Welten" gehalten. Hier wird nichts vorgespielt, hier geht es um die eigene Übung im "Hier und Jetzt". Ich bin auf meiner Suche ganz auf der Erde, bei mir, angekommen...Schon am Priesterseminar hatte ich begonnen, Karlfried Graf Dürckheim zu lesen. Ich suchte nach einem anderen Weg "Das Tor zum Geheimen (zu) öffnen". Da erzählt mir eine Bekannte, die an der Mauerdorfschule ein Kind in der Klasse meines kleinen Sohnes hat, dass sie mit ihm zusammen gearbeitet hätte. Sie weist mich jetzt auf seine einstige Schülerin hin, die nun selbst Zenlehrerin geworden war: Als die einstige Rütte-Mitarbeiterin deren Namen nennt, weiß ich: Dies ist meine zukünftige Lehrerin! Ich nehme Kontakt auf. Nachdem ich meine Absicht, bei ihr zu üben auf ihre Bitte hin schriftlich begründet habe, werde ich aufgenommen. Bald schon besuche ich Wochenendkurse in ihrerem Übungshaus, mache mich auf den langen Weg dorthin und komme immer wieder. Im Anfang sind es auch die Aikido-Kurse, die ihr Mann im Hause anbietet. In ihm begegnet mir Wesensverwandtschaft. Beeindruckend ist seine männliche Ruhe und Kraft. Nicht nur ein Aikidolehrer, auch ein Musiker durch und durch, herzlich und voller Weisheit. Schließlich sind es einmal im Jahr einwöchige Meditationskurse. Immer noch bewege ich den Gedanken vielleicht doch Priester zu werden. "Ich sage nicht, dass es unmöglich ist. Aber lass es los.....Du bist zu idealistisch!" Noch einmal fragt sie mich bei einer solchen Gelegenheit, warum ich ihr Schüler werden wolle. Ich antworte mit dem Titel ihres Buches, dass ich lernen wolle "eins zu sein mit (mir) selbst" A4). Doch sie ist nicht zufrieden. Als ich im Nachsatz hinzufüge, vor allem wolle ich lernen, "mein Leben besser zu ergreifen", nickt sie...Ja, darum geht es. ZEN dient anders als gedacht nicht dazu, aus der Welt in eine Art Privatfrieden zu fliehen. Ganz im Gegenteil: ZEN ist für sie Handlung!- Bewegend ist bei einem solchen „Sesshin" dann das persönliche Aufnahmeritual. Ich sitze meiner zukünftigen Lehrerin im kleinen Raum auf dem Boden gegenüber. Eine Kerze steht neben uns. Sie schaut mich an und spricht vom "Licht der Erkenntnis", um das es bei diesem Wege gehen würde. Und ich weiß, sie hat meinen „Nerv getroffen". Aber anders als am Priesterseminar wird dies niemals getrennt sein von meiner ganz eigenen individuellen Wirklichkeit. Denn es geht, wie sie einmal zu allen sagt, darum, „selbst der Gral zu sein."

So werde ich Schüler auf dem Weg des Zen. Zu den einwöchigen Sesshins gehört auch immer wieder das persönliche Gespräch mit dem Lehrer, der den Fortschritt des Schülers auf dem Weg der Übung begleitet und prüft, ihm eventuell eine neue Übung zur Vertiefung gibt. So wird mir schon bald die Übung des "Mu" gegeben: Mu ist zunächst ein Laut, der als Klang erfahren werden kann. "Atme mit Mu, lass es mit deinem Atem strömen, schau, wo es überall ist, setze dich ins Mu hinein, lass es kommen, sei ganz Mu selbst.- Was ist Mu?" Bald schon merke ich, für mich ist Mu eine Kraft, die an meiner Wirbelsäule wächst. Mein Wille ist außerordentlich stark. Auch die Vogelstimmen am Wald sind das Mu. Auf eine meiner ersten Sesshins konzentriere ich mich mit aller Gewalt so stark auf das Mu in mir, dass ich auf einmal erschrecke: Ich befinde mich außerhalb meines Körpers! Ich schaue nicht auf mich herunter, aber ich weiß in diesem Moment, mein Ich-Bewusstsein ist draußen, da ist kein Körpergefühl mehr. Panik steigt in mir auf. Denn da ist plötzlich nichts mehr, an dem ich mich noch hätte festhalten können...Als ich im nächsten "Dokusan" meiner Lehrerin davon erzähle, schüttelt sie erstaunt den Kopf. Denn so eine Erfahrung war wohl gleich zu Anfang meines Übungsweges ungewöhnlich. Sie bemerkt dazu: "Wenn Innen und Außen zusammen kommen..." Ich erzähle ihr von meiner Angst. Da schaut sie mich an und sagt: "Dann nimm deine Angst und geh."- Doch ich verstehe noch nicht, dass man auch seine Angst loslassen kann und übe weiter wie zuvor. Zur intensiveren Übung fahre ich nun einmal im Jahr mit meiner Lehrerin und anderen Schülern in ein Kloster in Frankreich. Hier, über den bewaldeten Hügeln, ist die Stille des abgeschiedenen Ortes, die mittelalterlich-romantische Stimmung der Anlage, hilfreich für die Übung. Alles hat dort für mich den Zauber des Geheimnisvollen. Abends üben wir am Boden des abgedunkelten alten Klosterraums. Der Wind zieht durch das Gemäuer und bewegt die halboffene Holztür hinter uns. Unsere Lehrerin sitzt still am Kopf-ende des Raumes, als sei sie selbst diese Stille, die uns hier umgibt. Ich fühle mich wie einer, der mit seinem Kahn am Ufer des dunklen Flusses wartet, um den Strom ans jenseitige Ufer zu überqueren, so, wie es am Ende des Herz-Sutras heißt, dass wir täglich am Ende des Tages rezitieren: "Gate gate, paragate, parasamgate, bodhi svaha!" (Ihr alle, ihr alle, geht darüber hinaus, geht über das Hier und Jetzt hinaus zum großen Erwachen!) Tagsüber werde ich von meiner Lehrerin in meinem „Koan" A5) geprüft und erkenne, dass Mu nicht nur eine Kraft ist, sondern sogar alles wird, worauf ich den Blick wende, so als würden die Dinge nicht mehr die

Vorstellung sein, die ich von ihnen habe, sondern vor allem geballte Energie. Es ist ein und dasselbe. Selbst Autos, die vorbei fahren, sind erfüllt von Kraft, Mu weilt in allen Dingen, und scheint wesentlicher als die äußere Erscheinung.- Einmal haben wir am Seminarort der "Bildungsstätte" Besuch von einem anderen spirituellen Lehrer aus Australien, ein Unidozent und langjähriger tibetischer Mönch, der eine eigene Methode "konzeptauflösender Gespräche" entwickelt hat. Sie können uns mithilfe eines Dialoges zur Erfahrung der Präsenz im Augenblick führen, indem sie unsere Ziele, Annahmen und Absichten grundlegend hinterfragen. Ich lasse mich darauf ein. Bald schon ist es mir, als würde jedes seiner Worte ein Gewicht und eine Evidenz haben, die einer inneren Wahrheit entsprechen. So als würde ich sie auch so aussprechen müssen. Irgendwann stimme ich unaufhaltsam zu, aber nicht um einem Guru oder anderen Teilnehmern zu gefallen oder um mir selbst einen Wert dadurch geben zu wollen, sondern weil unversehens der ganze Raum von prickelnder Energie erfüllt ist. Ich habe wie nie zuvor auf einmal das Gefühl, dass alles so, wie es ist, richtig und vollkommen, zutiefst in Ordnung ist. Ich möchte kein Wort zu viel verlieren, nicht ein Gramm hinzu tun, nichts verändern. Meine Lehrerin bemerkt hinterher zu mir: „Du warst nahe dran."- Eine tiefe Freude steigt in mir auf. Bei meinen Gehübungen im Freien strahlen die Farben in einem bisher ungekannten Ausmaße hell, frisch und tief. Auch ich habe fortan Phasen, da spricht es so aus mir, da ist Weisheit, ohne dass ich nachdenken muss. Sätze kommen, von denen jeder stimmt. Es ist einfach da, was zu sagen ist. Dann vergeht es wieder. Einmal sitze ich wieder meiner Lehrerin gegenüber. Sie bemerkt, dass ich zum kleinen Fenster hinausschaue. Es ist wieder Abend und wir hören den Wind, wie er durch die Zweige eines Baumes vor dem Fenster des Dokusan-Raumes geht. Ich schaue auf das Zimmerlicht, das auf seinen Stamm fällt. Da sieht sie mich wieder an und sagt: "Wenn du so schauest, ohne dass in deinem Schauen eine Spur ist von „Baum", „Zweig" oder einem anderen Begriff, den du auf dein Wahrnehmen legst, dann kann auch dieses zum Tor werden, wo das Geschaute und der Schauende Eines werden." - Da bricht das Schicksal ein und zerreißt mir die Dämme meiner privaten Welt: Ich habe sie kennengelernt, Gratia, die Angebetete, und fortan muss mir meine Zen-Lehrerin immer mehr helfen in meinen Emotionen nicht unterzugehen. Denn nun wird meine Übung zunehmend getrübt, die Konzentration schier unmöglich. Gratia bringt mich in Not. Ich leide auch auf den Seminaren Sehnsucht, habe zugleich Schuldgefühle wegen meiner Familie, bin wie zerrissen. Sie ist in meinen Gedanken ständig anwesend. Manchmal so stark, dass diese bis zur Erschöpfung und ohne Unterlass um sie kreisen. Denn auch hier erinnert mich alles an sie und wird zum

Traumsymbol meiner Liebe: Mit aller Gewalt drängt sich mir ihr göttliches Bild auf. - Wie Parzival gebannt stand, als er im frühlingshaften, weißen Schnee die roten Blutstropfen des gejagten Falken erblickte, weil sie ihn an seine angebetete Condwiramur erinnerten, verfalle auch ich in „Trance". Meine Lehrerin sieht, was in mir wirklich passiert.Sie „sieht", wie sie mir einmal gegenüber bekennt, häufig „wie in Abgründe": "Sie ist deine *Anima*."- "Was ist das?". "Sie ist eine Projektion deiner- selbst, sie ist in allem. Auch wenn du eine schöne Blume bewunderst.- Aber sie hat ihre Funktion. Die Anima ist immer auch ein Impuls, der dich voranbringen kann."- Ich hätte gerne darauf verzichten können, denn nun bin ich gefangen.

*Erst Jahre später verstehe ich, was sie damals meinte: Ich war der Dimension meiner **"Essenz"** begegnet, konnte diese aber noch nicht in meine Persönlichkeit integrieren. Als junger Mann erfahre ich meine wahre Natur, ohne sie bereits zu verstehen. Ich muss diese deswegen in Form der Liebe zu einer weiblichen Ideal-Gestalt projizieren. Die „**Anima**" 6) ist der Schattenwurf dieser Essenzerfahrung und kein Zufall. Sie hat eine Botschaft. Wohl wollte mich meine Lehrerin mit diesem Hinweis dazu auffordern, diesen weiblichen Teil meiner Seele in mir zu integrieren, indem ich die „Göttin" als Hinweis begreife, die essenziele Qualität der Liebe in mir selbst zu erfahren. So wie Schatten stets auf das dahinter verborgene Licht* *hindeuten. Denn statt „Innere Löcher" durch Idealprojektionen von außen füllen zu wollen, geht es auf dem Inneren Weg darum, essenzielle „Liebe", „Stärke" und „Unabhängigkeit" in sich zu erfahren. A7) In dem Moment, da ich dem Zen begegne, bricht so das Problem der Integration von Unbewusstem in meine Ganzheit als Mann auf.*

Doch das versteht damals keiner, auch ich nicht, wohl nur meine Lehrerin. Ich selbst dagegen gehe nur ins Außen und bis zum Äußersten, will Gratia treffen, ihr unendlich nahe sein. "Hast du es deiner Frau gesagt?"- "Ich kann nicht. Wir können nicht miteinander reden. Sie würde nur ausrasten, es aber nicht verstehen." Meine Lehrerin hat es mit einem Verrückten zu tun, einem, der wie neben sich steht. Ich bin wie geblendet, sehe und höre nicht. "Das, was wir jetzt hier machen, ist kein Zen", doch ich kann ihr schon keine anderen Fragen mehr stellen. Gratia belastet mich zu sehr. Ich projiziere weit in eine gemeinsame Zukunft mit meiner Weggefährtin, beschwöre unsere innerste Einheit. "Und wenn du es einfach eine ganz tiefe Verbindung sein lässt ?.... Ich kann dir nichts Besseres raten, als dass du ganz ins Mu gehst, denn dann siehst du nämlich, was diese Verbindung wirklich ist..." Doch ich verstehe nicht. Ich begreife nicht, dass es eigentlich um eine ganz andere „Verbindung", nämlich um die mit mir selbst geht... Irgendwann konfrontiert meine Lehrerin mich: "Du liebst eine Frau, die dich nicht will." Aber ich will immer noch nicht sehen, zu tief sind unsere Gefühle füreinander. Da schlägt sie mir vor, Gratia und mich einmal extra an die Bildungsstätte einzuladen, zu einem Gespräch unter sechs Augen: „An wessen Seite siehst du dich in 10 Jahren, an der Seite deines Ehemannes oder an der von Paul?"- Wir sitzen in dem großen leeren Zendo der Bildungsstätte vor dem Aquarell des aufgehenden Mondes meiner Lehrerin gegenüber. Doch Gratia weicht aus: "Ich sehe mich alleine." Wieder kann oder will sie sich nicht entscheiden. Ich hätte in diesem Moment aufstehen und mich verabschieden sollen, denn spätestens jetzt ist alles klar. Aber ich leide weiter. Die Abstände, in denen wir telefonieren, werden nach meiner Scheidung größer, die Hindernisse sich wieder zu sehen inzwischen unüberwindlich. Denn ihr Mann beginnt sie in seiner Not zu erpressen. Irgendwann verdämmert ihr Stern.

Und meine Übung? Ich habe kein Geld, fühle mich mittellos und einsam und hätte doch mithilfe des Fonds und durch Jobs genügend finanzielle Hilfen gehabt, die Teilnahme an den Sesshins irgendwie weiter zu ermöglichen. Meine Lehrerin fragt am Telefon: „Kommst du nicht zur Weiterarbeit nach Frankreich?"- „Nein, ich komme nicht."….- "Schade." Hatte meine Lehrerin nicht einmal zu mir im persönlichen Gespräch plötzlich gesagt: „Über dir ruht eine Verheißung."? Da war es wieder gewesen, dieses Gefühl, der "erste Ritter" zu sein, der ganz "besondere Schüler" meiner Lehrerin. Heute denke ich, dass diese Verheißung über allen Menschen schwebt, nämlich einst der eigenen „wahren Natur" zu begegnen. Einst war ich am Ende des Kurses noch einmal zum Haus des Sesshins zurückgekehrt. Inzwischen waren alle Teilnehmer gegangen. Wohl hatte ich etwas vergessen oder wollte mich noch verabschieden. Die Tür war noch nicht abgeschlossen. Alle Räume standen leer. Niemand da. Einen Moment lang war ich erschrocken über die unbelebte Leere, so als hätte ich instinktiv gespürt, dass dies hier ein Abschied nur für mich war und für immer bleiben sollte. Jetzt ist das Wasser *dieser* Quelle der Weisheit tatsächlich versickert. Es ist, als ob mit der „Venus" auch die „Sonne" untergeht.

Dunkelheit breitet sich über mein Üben und über meinen verheißungsvollen Beginn auf diesem Wege aus: Ich bin mit der Gewalt meines Schicksals konfrontiert. Der Schmerz und die Depression sind zu mächtig. Ich muss mich ganz neu und ohne alle Hilfe sammeln. So kehre ich an den Ort der Bildungsstätte, an dem ich wahres Glück erfahren habe, nicht mehr zurück. Jahre später erfahre ich, dass meine Lehrerin gestorben ist.

Die nordische Sage der Edda spricht von dem „Brunnen Memirs" am Fuße der „Weltenesche Yggdrasil". In ihm schwimmt das „Auge Odins". Es ist für mich ein mythisches Bild für das, was ich hier erlebte. Denn an diesem Ort war ich tatsächlich einem geerdeten Quellort der Weisheit begegnet. *Einer Spiritualität, die nicht in einem idealistischen Glaubensgebäude besteht, die das Auge „Odins" nicht auf einem fernen göttlichen Berg sucht. An der Bildungsstätte wurde keine abgehobene Esoterik breitgetreten, sondern die Wesens-Erfahrung im Alltag geübt. Nicht, dass es nicht auch hier diejenigen gab, die sich wie überall in den sogenannten spirituellen Kreisen wenig natürlich und menschlich verhielten, sondern die sich selbst schon in der Überlegenheit eines „erleuchteten Bewusstseins" gewähnt haben. Aber in den Begegnungen mit meiner Lehrerin und vielen Dozenten gab es keinen Abgrund zwischen den Schatten der eigenen Persönlichkeit und einer größeren Wirklichkeit. Im Gegenteil war die Auseinandersetzung mit den persönlichen Projektionen und psychischen Grenzen ein wichtiger integrativer Bestandteil der Meditation. Hier wurde ich endlich geerdet: "Dein Weg ist der des Mannes. Aber mache daraus nichts Besonderes."*

Die Geburt des „Helden"

Statt weiter arbeitslos zu sein, schlage ich mich auf Vermittlung des Regierungspräsidiums nun mit kleineren befristeten Lehraufträgen an verschiedenen staatlichen Schulen durch. Eine Festanstellung ist in meinen Fächern nicht in Aussicht. Sie ist für mich keine Frage, da ich den Leistungsdruck und die "Notenfabriken" des staatlichen Schulsystems nie besonders geschätzt hatte, und mein Herz immer noch "pädagogisch" schlägt. Das ist den staatlichen Stellen auch aufgrund meiner bisherigen Vita nicht verborgen geblieben. Hier bin ich nur eine "Nummer" der Absolventen des Referendariats, dessen Prüfungsnoten anscheinend nicht "gut genug" sind und der mit seinen Fächern ohnehin für eine Laufbahn im gehobenen Dienst nicht infrage kommt. "Das System belohnt die Anpassung": Ich aber hatte mich noch nie besonders angepasst. Das, was mir Spaß machte, hatte mein Interesse gefunden. Hier brachte ich sehr gute Leistungen. Anderes war mir relativ gleichgültig. Dafür bekomme ich nun die Quittung. Aber will ich nicht sowieso zurück in den privaten Schuldienst? Als um Weihnachten der Anruf des Leiters der Internatsschule "Steintal" kommt und dieser fragt, ob meine schriftliche Bewerbung an seiner Schule noch aktuell sei, weiß ich umgehend, dass es keinen Sinn mehr macht in meinem kleinen Zimmerchen wie "Kaiser Barbarossa" in der "Kyffhäuser Höhle" auf meine Rückkehr in die Welt zu warten. Auch *mein* Bart quillt schon bald aus der Tür ins Heim hinaus und soll hier nicht grau werden. Ich sage umgehend zu und beschließe, an das Internat zu ziehen. Bald schon begleitet mich meine neue Partnerin, die ebenfalls von ihrem Ehemann geschieden ist, an das alte Internat am Aufstieg des Mittelgebirges. Noch in der Zeit meiner Ehe hatte ich es mit meiner ersten Frau und meinen kleinen Kindern vom Bahnhof der nahegelegenen Kleinstadt aus erwandert. Romantisch liegt die an einem mittelalterlichen Kloster angeschlossene Reformschule aus den 20iger Jahren in einem naturgeschützten Tal. Meine neue Adresse soll das über hundertjährige „Jägerhaus" am Rande des Internatsgeländes sein. Denn das Konzept dieser Schule ist die Einheit von Lehre und Leben mit den Schülern. So gibt es auf dem Internatsgelände etwa 12 Mentorate, in denen jeweils ein Lehrer mit einer Gruppe von ca.10 Schülern wohnt. Der Pädagoge soll diese nach dem Unterricht in ihren Arbeiten für die Schule unterstützen. Da ich zu dieser Doppel-Aufgabe bereit bin, hat man sich entschlossen, mich anzustellen. Dieses Haus, das sich auf seiner einen Seite an lauter Bäume des Aufstiegs anlehnt, kommt meiner seelischen Gestalt sehr nahe. Ein kleines rückwärtiges Fenster in meinem Schlafraum öffnet sich abends zur Stille des Waldes und ist Balsam für mein Bedürfnis nach

Ruhe und Rückzug. Die Tür in den Garten liegt einer riesigen Tanne gegenüber, die wie ein Hüter vor mir steht. Wie erhaben sie ist, voller Kraft und Schönheit. Immer schon hatte ich eine besondere Beziehung zu Bäumen, empfinde sie als eigenständige Lebewesen voller Würde und Bewusstsein. Öfters lehne ich mich an sie und rede mit ihnen. Manchmal gar meine ich, ihre Gedanken hören zu können.

Einmal hatte ich eine Vision von einer Eiche, an deren übermächtigen, riesenhaften Stamm ich emporblickte. Da fiel auf einmal ein Kind an ihr herunter. Es stürzte kopfüber an mir vorbei in die Tiefe, sodass ich erschrak. Alles war ich: Der Zuschauende, die Eiche und das Kind. Heute ist es für mich ein Bild der Auseinandersetzung zwischen Innerer Kraft und kindlicher Angst auf meinem Weg als Mann.

So sitze ich besonders am Heimfahr-Wochenende des nachts auf den drei Stein-Stufen der Hintertür und lausche der Stille. Dann höre ich die Geräusche der Tiere und meditiere. Einmal, als meine Schüler aus der Wohngruppe bereits nach Hause gefahren sind, sitze ich schon eine ganze Zeit mit einer dünnen Decke und konzentriere mich auf meinen Atem. Das Sternenbild des großen Wagens scheint über dem Waldrand um Mitternacht. Da höre ich auf einmal ein leises Grunzen vor mir auf dem Steinboden. Es ist ein Igel, der aus dem Wald kommt und nun meine Nähe sucht. Er schnuppert an meinen Füßen, bis er nach einer Weile wieder davon krabbelt. Doch nun bin ich froh solch einen Überblick zu haben. Denn auf der anderen Seite der Häuserfront blicke ich tagsüber auf den Innenhof des Internatsgeländes mit der alten Klosterkirche. Von hier aus kann ich morgens ohne lästige Anfahrtswege direkt hinunter in die kleine Welt des Internates zu meinem Unterricht gehen und die verschiedensten gemeinsamen Veranstaltungen mit meinen Kollegen und der Leitung unmittelbar erreichen. Meine Wohnung aber hat die Dimension eines kleinen Schlosses mit vielen hellen Fenstern. Noch nie in meinem Leben habe ich so groß gewohnt und ich genieße es, mich durch ihre großen Räume, vorbei an vielen hellen Fenstern frei zu bewegen. Über mir, im ersten Stock des Hauses liegen an einem kleinen schmalen Flur die Zimmer der Jungen, die ich zu betreuen habe. Denn es soll dies das einzige Jungen-Mentorat in Steintal werden. Hier bin ich wirklich ein kleiner König und glücklich eine neue Heimat zu haben. Aber ich bin auch der, der einfach mit seinen Schülern leben möchte. Ich lade meine Gruppe mittwochs zum Kochen in meine Wohnung ein. Sonntags brunchen wir an meinem großen Tisch in der Wohnküche. Hier kann ich mit ihnen sprechen, so manche Krise meiner Schüler begleiten. Wie oft in diesen sieben Jahren sitzt einer der Jungs mir heulend gegenüber, weil gerade ein Familienmitglied so schwer sterben muss: Der Vater, den er so sehr gebraucht hätte. Oder der Bruder, der vom Hochhaus gesprungen ist. Hier werde ich gebraucht: Ich möchte als Pädagoge für diese armen Burschen ein väterlicher Freund sein. In den folgenden Jahren lebe ich an diesem verträumten Ort fernab von meiner schweren Kindheit und dem schuldhaften Drama meiner Scheidung. Obwohl ich so manche Nacht für die Eskapaden und Nöte meiner Schüler in der Wohngruppe sorgen muss, ist dies wirklich meine kleine Welt, in die ich mit meinem ganzen Wesen herein passe. Oft bin ich mit meinen Kräften am Rande und kann in der Mittagspause Steintal nur kurz verlassen. Dann werden meine Jungs von einem Kollegen beaufsichtigt. Ich aber fahre in den Nachbarort, um schwimmen zu gehen oder einmal kurz durch zu atmen, während ich dort im Café sitze. Häufig aber sorge ich mich an meinem freien Tag, es könnte in dieser Zeit in meiner Gruppe etwas passieren, denn altersgemäß spielen auch bei meinen Jugendlichen Alkohol und andere Drogen eine nicht zu unterschätzende Rolle. Wie oft muss ich an Wochenenden Zimmerdurchsuchungen, Einzelgespräche oder im Auftrag meiner Heimleitung mit meinen Schülern Urinproben durchführen. Trotzdem mag ich meine neun Jungen gerne und wir fahren an den Dienstwochenenden zusammen mit dem Bus in die nächste Stadt, zum Kino, ins Schnellrestaurant oder zur Kegelbahn. Am schönsten sind unsere Touren mit dem Kanu oder manchmal auch zum begleiteten Klettern, unsere Lager in einem nahen naturgeschützten Tal. Jedes erste Dienst-Wochenende, wenn also die Burschen da sind, hole ich samstags meine 3 kleinen Kids aus der Stadt. Schwer ist dann die Vertretung bei der Abfahrt zu meinen Kindern zu organisieren, denn der anscheinend kinderlose Nachbar-Mentor scheint wenig Verständnis für meine Abholaktionen zu haben. Vielleicht ist ihm auch die Verantwortung für die Aufsicht in gleich zwei Mentoraten in dieser Zeit zu groß. Aber dann ist es eine wahre Freude, sie hier bei mir in dieser besonderen Welt zu haben: Einer der drei großen Räume mit Eingangsflur ist nur für sie als Kinderzimmer reserviert. Hier habe ich ihr Spielzeug, Roboter, Figuren, Spiele, Babipuppen, echte kleine Schwerter und mit blechernen Schildern und Römerhelmen. Wie schade, dass mein ältester Junge nie mitkommen will...Meine anderen beiden Jungen suchen Kontakt mit den Schülern in der Wochenend-Disco des Internats und erleben ihren Vater einmal im Beruf. Sie hören von den Schülern wohl durchweg anerkennende Bemerkungen über mich. Einmal sitzt gar meine Tochter mit großen Augen in meinem Unterricht. Strahlend kommt der kleine Lockenkopf vom Reitunterricht, wenn sie wieder von einer erfahrenen Schülerin von mir longiert worden war. Wie stolz bin ich dann über ihren Mut. An einem Abend am Wochenende im Herbst ziehe ich mit meinen Kindern am Waldrand hinter dem Internat längs. Jeder darf auf dem Waldpfad im Dunkeln einmal neben mir die brennende Fackel halten: Mit festen Händchen und zusammengepressten Lippen führt auch meine Kleine das große prasselnde Licht...Doch da ist auch die dunkle Seite Steintals: Hier kursieren abschätzige Bemerkungen so mancher Kollegen untereinander. Auch ich werde in die Gerüchteküche hereingezogen. Man versteht nicht, dass ich mich aus der kleinen Welt des Geredes heraushalte und einfach nur meine Arbeit im Mentorat machen will. Das ist manchem zu wenig transparent. Aber am "Rand" fühlte ich mich schon immer wohler: Er lässt einem die Möglichkeit offen, ins Zentrum vorzustoßen, aber auch sich wieder zurück zu ziehen. Ach, ja, wer so lebt, muss mit dem Gerede der Verständnislosen leben. Man redet in dieser kleinen Welt übereinander, wie die Frösche an einem Teich sitzen und quaken müssen. Auch eskalierende Aggressionen "schwer zu erziehender" Schüler prüfen unserer aller emotionale Belastbarkeit. Immer wieder passiert etwas auf den Mentoraten, viele unbemerkte Ereignisse stellen das Vermögen von uns Pädagogen grundsätzlich infrage, in unseren Wohngruppen Aufsicht für unsere Schüler zu führen. Mehr als einmal gibt es unter den Schülern solch erschütternde Exzesse mit Alkohol, Mobbing und Gewalt, dass einem Hören und Sehen vergehen. Es kommt leider auch auf Kollegen und auf Leitungsebene zu sozialen Entgleisungen. Manchmal gar läuft man selbst als Mentor Gefahr, in den Strudel von Unterstellungen hineingezogen zu werden. Aber hier regiert Herr Fürst, ein Mann, der zwei Gesichter zu haben scheint. Einerseits ist er ein unter vielen Schülern anerkannter Pädagoge, dem so mancher Jugendlicher einiges zu verdanken hat. Jemand, der tierlieb ist, klassische Musik schätzt und der nach außen freundlich auftritt. Andererseits fordert er mit autoritärer Härte von den Kollegen Gehorsam. Wöchentlich lädt er zum gemütlichen Beisammensein der Kollegen in seiner Mentoratswohnung ein. Nein, wir werfen uns nicht vor ihm nieder oder zwirbeln ihm seinen langen Bart. Aber inmitten seiner Mentoren sitzt er dann mit seiner Pfeife da wie ein Mongolenfürst im Ledersessel. So, als hätte er alles unter Kontrolle. Ein Mann, der Macht ausstrahlt. Er wirkt, als ob er ein dunkles Geheimnis zu bewahren scheint, als trüge er einen großen Schatten. Hat er in Wahrheit große Angst vor dieser immensen Verantwortung, die er trägt und ist deswegen so misstrauisch? Ich könnte es verstehen. Hat er doch schon so manchen pädagogischen Albtraum erlebt. Und doch bleibt mir dieser Vorgesetzte bei aller Freundlichkeit bis zum Schluss unheimlich. Er erinnert mich in seinem Auftreten an meinen Vater und wir werden es nicht leicht miteinander haben. So manche Existenz fristet hier ihr berufliches Dasein, die an einer normalen staatlichen Schule oder in einem Betrieb außerhalb dieser kleinen Welt wohl kaum Lohn und Brot erhalten hätte. Hier sind diejenigen, die wie ich nicht ins System passen. Aber es sind deswegen eben auch oft diejenigen, die ein großes pädagogisches Ideal verfolgen. An der Spitze derer, die hier etwas anderes suchen als das, was das staatliche Schulsystem zu bieten hat, steht der Schulleiter: Herr Wert, ein gutaussehender, großgewachsener, protestantischer Pfarrer und eloquenter Vertreter unserer Schule. Ein Mann, der auftreten kann und zu reden vermag. Zu ihm spüre ich merkwürdiger Weise Vertrauen. Vielleicht erinnert er mich an meine nördliche Heimat. Ich schätze ihn in seiner konsequenten puritanischen Arbeitshaltung, seinem visionären Mut und seiner feinen Bildung. Ein liberaler und tolerant fühlender Zeitgeist. Als Leiter hat er augenscheinlich ein Gespür dafür, wo jeder Mitarbeiter seine Fähigkeit am besten einsetzen kann. Er selbst ist es, der für Steintal ein hohes Maß an staatlichen Geldern locker machen kann, sodass alte, denkmalgeschützte Häuser im Internat renoviert und zusätzliche gebaut werden können: Nicht zuletzt die große Sporthalle ist das Vorzeigestück des Internats. So sichert er auch unsere Arbeitsplätze. Dennoch verliert er sich nicht wie viele nur in seinen Aufgaben. Er ist auch ein Mann des Geistes: Die intellektuelle Auseinandersetzung mit der Bibel und der Philosophie des Nihilismus scheint ihm die Kraft für seine Arbeit zu geben. Als Pfarrer hat er ein existenzielles Verhältnis zum Denker des Lebens, Friedrich Nietzsche und sieht darin keinen Widerspruch. Wir tauschen uns aus, da ich gerade dessen bekanntestes

Werk lese. Er empfiehlt mir dazu Literatur. Sooft ich in seinem Rektorat zum Gespräch sitze, beeindruckt mich auf dem Getränke-Tischchen die ausgelegte Literatur, z.B. über die "Ästhetik des Islam". In diesen Räumen lädt er manchmal die Kollegen zu einem Umtrunk mit einem Glas Rotwein ein: Ein Mann mit Stil. Als ich ihm einmal sage, wie sehr mich seine Genussfähigkeit beeindrucke, empfindet er dies wohl aus seiner puritanischen Prägung heraus als "schweren Vorwurf ". Zum Glück mit einem Schmunzeln. Goethe aber hätte sich mit ihm sicherlich gerne unterhalten...Doch er steht gewissermaßen in seiner Funktion als Schulleiter wie die Spitze eines Dreiecks der dreifachen Leitung im Wirtschafts,- Heim- und Schulbereich vor. Das ist nicht gerade eine "flache Hierarchie". Bald schon bemerkt man in der Kollegenschaft das gegenseitige Misstrauen der Leiter, ihre Spannungen und ihre Konkurrenz untereinander. Diese drei alten Patriarchen bündeln alle Fäden des Internats in ihrer Hand. Gibt es auf irgendeinem Mentorat einen Vorfall mit einem Schüler, erhalten die Mentoren einen Anruf und man wird mit dem Schüler einbestellt. So weit so gut. Aber das Misstrauen erstreckt sich auch auf so manchen pädagogischen Mitarbeiter: Kaum hat sich die allgemeine Entrüstung über dieses Vorkommnis gelegt, platzt auf irgendeiner Ebene des Internats wieder eine „Bombe". Diesmal kann es der eigene Führungsstil sein, der Missfallen erregt. Denn auch hier wird natürlich die

Lebensweise oder das pädagogische Verhalten jedes einzelnen Kollegen innerhalb der Wohngruppe genau beobachtet. Der jeweilige Mentor wird wieder ins Büro bestellt und muss sich verantworten. Die Illoyalität der Heim- und Schulleitung gegenüber ihren Mitarbeitern führt so oftmals zu kränkenden Gerichtsszenarien. Diese machtvolle Art der Mitarbeiterführung empfinde ich als recht antiquiert und sie lastet wie gesagt schwer auf so manchem Kollegen. Sie ermöglicht kein Vertrauen und zerstört die gemeinsame Ungezwungenheit. Sie trägt gewiss nicht zum emotionalen Wohlgefühl am Arbeitsplatz bei. Manches hätte hier besser in gemeinsamen Absprachen, Diskussionen und mit Mediationen geregelt und gelöst werden können, auch gegenüber der kränkbaren Leitung. Aber was auf Leitungsebene nur besonders sichtbar wird, gilt im Kleinen für uns pädagogische Mitarbeiter genauso: Auch ich gerate als Mentor im Umgang mit meinen pubertierenden Jungs immer wieder an Grenzen der Wut. So aber leben wir in einem "Minenfeld". Steintal mit all seinen kleinen und großen Katastrophen hatte einen langen, dunklen Schatten.

Unreflektierte Macht fußt auf Angst. Sie ist auf Kontrolle angewiesen, um das persönliche Konzept durchzusetzen und die eigene Position zu bewahren. Das führt nicht nur zu Misstrauen beim Inhaber der Macht, sondern auch auf Seiten derjenigen, die sich kontrolliert fühlen. Der ungeteilte und unbewusste Umgang mit Macht erzeugt deswegen tiefe Schatten und wirkt sich im Zusammenleben zerstörerisch aus. Sind wir als sogenannte „Pädagogen" überhaupt in der Lage, junge Menschen zu führen, wenn wir unsere eigenen Schatten so wenig reflektieren? Was, wenn wir die Neigungen unseres Egos, „Macht" und „Kontrolle" über andere auszuüben, mehr beobachten würden? Wenn wir üben würden, sie immer wieder loszulassen? Denn dann könnte sich in uns mehr „Stärke", „Vollmacht" und „innere Autorität" entwickeln.

Und doch scheine ich irgendwie hier herein zu passen. Als mich die schwierigste Klasse der Schule einmal in einer meiner ersten Stunden fragt, warum ich "gerade hierhergekommen sei ", antwortete ich: "Weil ich hier die Verrückten gefunden habe, die ich immer gesucht habe. Ich bin einer von ihnen." Denn hier sind Jugendhilfe-Kinder, aber auch solche aus reichen Familien versammelt. Es sind häufig die, die von zuhause abgeschoben worden waren. Sie erscheinen mir seelisch verletzt und nicht weniger schwierig als all die anderen. Kinder mit gescheiterten Schulkarieren, mit Missbrauchs- und eben Drogenerfahrungen. Aber gerade deswegen auch solche, die unendlich dankbar sind, wenn sie über den Unterricht wahr- und ernstgenommen werden, wenn man mit ihnen in eine respektvolle Beziehung tritt. Genau das will ich ihnen geben und ihre Zuneigung kommt hundertfach zurück. Hier bin ich für sie der „Pauli", geachtet und aufgenommen. Hier habe ich ein Wort, einen Auftrag und erfahre Sinn in meiner Tätigkeit. Das währt so einige Jahre. Steintal ist inzwischen zu meinem eigenen Leben geworden. Es ist ein Ort erfüllender Gemeinschaft mit den Schülern und ebenso ein Ort großer sozialer Nöte und Probleme. Aber in seiner Abgeschiedenheit von der übrigen Welt liegt es weit weg von meiner Vergangenheit. Es ermöglicht mir eine neue Identität.

Da geschieht etwas, das alles bisher Dagewesene auslöscht. Es macht Steintal über Nacht zu einem anderen Ort: Polizisten haben am frühen Morgen die Wohnräume meiner Jungs durchsucht. Ich rufe bei der Heimleitung an. Der Leiter aber will mir zu dieser Merkwürdigkeit keine Auskunft geben. Es wird auf einmal eine außerordentliche Vollversammlung am Morgen in der Aula angesetzt, in der die Schulgemeinschaft eine Nachricht ereilt. Fassungslos hören wir die Worte des Schulleiters am Mikrophon: Ein Mitschüler sei am gestrigen Tage zu Tode gekommen. Ein Name kursierte sofort unter den Schülern: "Arian, es ist Arian."-Ich wehre ab: "Jetzt mal ganz langsam. Woher wollt ihr das wissen?" "Es ist aber so." Der Schulleiter bestätigt den Verdacht. Vollkommen unter Schock stehend verlassen wir nach der Ansprache den großen Raum zum Innenhof des Internates, noch wie geblendet und verstummt durch die Nachricht. Arian, mein Schüler, mit den dunklen langen Haaren. Ein

Schüler, der in seiner schlaksigen Art manchmal zu spät zum Unterricht kam, sich an seinen Platz hinflezte, seine langen Beine unter dem Tisch ausstreckte, aber stets interessiert zuhörte. Noch vor kurzem hatte er bei mir im Unterricht über den deutschen Philosophen "Friedrich Nietzsche" ein Referat gehalten. Denn öfters hatte ich am Ende des Unterrichtes aus "Also sprach Zarathustra" vorgelesen und gerade ihn faszinierte der Gedanke, dass "Gott tot" sei. Zweimal musste er bei mir referieren, da ich mit seinem ersten Versuch nicht zufrieden war, aber zwischen uns hatte sich Vertrauen entwickelt und nun ist er tot....Schon werden die ersten Fotos geschossen. Journalisten mit Kameras bestückt, warten vor dem Ausgang der Schulaula. Sie haben wohl den Polizeifunk abgehört. Nun aber wartet die Meute „schussbereit". Ein Schwarm von Haien, der begierig Material sammelt für die große Schlagzeile in der Zeitung. Man überfällt uns mit Serienaufnahmen. Entrüstet schreite ich auf einen von ihnen zu und beschwere mich über dieses taktlose Verhalten, fordere den Film heraus. Der Mann verspricht, die betreffenden Bilder zu löschen. Was und wie ist es geschehen? Bald schon erhalte ich von meinem armen Kollegen im auswärtigen Mentorat Auskunft. Es muss sich so ereignet haben: Der Mörder überrascht Arian dort frühmorgens im Schlaf im sogenannten "Schafstall". Dieser liegt am äußersten Rand des Internatsgeländes, der auch zugleich der Zaun der sogenannten "Forellenmühle" ist. Leichter kann er es nicht haben, so als wäre alles bestens für ihn bereitet. Denn in dieser Nacht schläft mein Schüler dort auch zufällig alleine. Er braucht nur sein Fahrrad an das kleine Haus lehnen, die stets nicht abgeschlossene Tür öffnen, die Leiter zu seinem Bett hochsteigen...Es kommt wohl zum Kampf. Wir sehen noch seine blutigen Spuren. Die Messerwunden an den Händen des Opfers verraten, so die Polizei, dass Arian noch versuchte, die Stiche abzuwehren. Der Täter aber setzt nach, er flüchtet. Mein Schüler torkelt heraus und schreit um Hilfe. Er bricht vor der Mentoratstür des Hauptgebäudes zusammen. Der Mentor stürzt, aus dem Schlaf geweckt, heraus in den Garten, findet ihn blutüberströmt, eilt, holt einen Schüler, der ihn sterbend in den Armen hält, während er nach allen anderen Schlafenden angstvoll schaut. Arian aber ist tot. Tot ist für einen ewigen Moment der Verstand seiner Nachbarn, tot, blind und wie gelähmt sind alle und alles in dieser Verzweiflung, tot mit einem Mal alles bislang unbeschwerte Leben in der Forellenmühle, die unberührte Schönheit von Steintal: Der Weiher vor der Mühle, darin all das bunte Federvieh, die Häschen im Garten, die Birken und Apfelbäume am Bach, der hier blau und klar aus dem „Topf" am Rande des Mittelgebirges hervorquillt. Manchmal rauschen diese Umkränzer im Wind, dazwischen ein Ruf von einem der vielen Fischreiher, die über dem Tal an jedem Tag ihre Kreise ziehen, geschützt wie die Kormorane und der Silberreiher, der hier manchmal zu Gast ist und plötzlich bei Eis und Nebel im Fluss steht. Hier sitzen die Schüler an ihrer Feuerstelle und sind ganz unter sich: Es war wie ein Paradies. Und wir sind auf einmal daraus vertrieben worden. An jenem Tag der Nachricht vor Pfingsten aber ist nur noch blankes Entsetzen und sprachloses Verstummen. Die Zeit steht still. Der Ort, an dem wir leben, zieht sich dunkel auf unseren Kreis zusammen, so als gäbe es für diesen Moment nur diesen Abgrund, in dem nun auch wir festsitzen, aber kein Außen mehr. Die Unfassbarkeit eines Mordes an einem Unschuldigen im eigenen Lebenskreis entzieht dem Frühling in der eigennen Seele sein friedvolles Leben, seine bislang ungetrübte Freude. Es ist, als würde man mit einem Male taub: Klang und Farben sind noch da, aber sie sprechen nicht mehr zu einem. Sie verlieren ihren Sinn. Und Steintal verliert jäh, als Arian so gegangen war, seine Idylle. Wie dunkel ist auf einmal dieser Ort. Wir alle stehen unter Schock. Das Internat liegt wie nach einem gezielten Faustschlag ins Gesicht besinnungslos am Boden, mitten im wunderschönen naturgeschützten Tal am Rande der Berge. Es ist wie traumatisiert und unfähig darüber zu reden. Am Ort des Geschehens, der Forellenmühle, wird von der Kripo eine Absperrung errichtet. Keiner darf dort herein oder heraus. Alles wird durchsucht. Selbst die Kleidung der Schüler muss eingetauscht werden gegen weiße Papieranzüge der Untersuchungskommission. Dies währt einige Tage. Eine Zeit, in der im Internat die Angst herumgeht. Denn noch weiß keiner, wer der Täter ist. Es hätte auch ein Mitschüler sein können. Ein mir befreundetes Medium warnt mich in dieser Zeit telefonisch vor verschiedenen Wesen, die an meiner Energie Interesse zeigen würden. Der Zeitpunkt ist seltsam. Denn ich hatte meinem Freund gar nicht erzählt, dass ich am Abend vorher in meiner Wohnung die Gegenwart eines Wesens gefühlt hatte, das mir unheimlich schien. Ich hatte es einfach für eine Angst-Projektion gehalten. Am nächsten Tag findet ein Trauergottesdienst für das Opfer in der alten Internatskirche statt. Jeder Schüler darf für Arian ein kleines brennendes Teelicht an den Altar stellen. Noch weiß zu dieser Zeit keiner von uns, dass auch der Mörder in der Kirche ist und ebenfalls seine Kerze an den Altar stellt. Angstvoll schließen wir Mentoren abends die Türen unserer Mentorate ab. Das Mädchen-Mentorat neben dem Forsthaus wünscht gar einen Hund, der sie bewacht. Hier beschleicht mich ein bisher unbekanntes Gefühl: Das Grauen und die Todesangst, Steintal bietet wirklich alles. Als der Kordon der Kripo nach drei Tagen gelöst wird, ist bald klar: Man hat den Täter gefasst. So ziehe ich gleich mit meinem Hund heraus zur "Mühle". Vor dem Ort der Tat, dem Haus am Weiher, sitzen in ihren Papieranzügen, zitternd und blass, die Schüler des Mentorats. Ich setze mich zu ihnen in den Kreis. Weit und breit ist kein anderer Lehrer zu sehen. Ich beende den allgemeinen Rückzug und suche das Gespräch mit meinen Schülern. Ich rede am Tatort auch mit verschiedenen Mädchen im Flur des Hauses: "Vielleicht war Arian gar nicht gemeint gewesen." Unter ihnen geht die Angst um, dass der Täter eigentlich ein anderes Opfer gesucht hatte. Dass er sich im Opfer geirrt hatte. Ich teile mit ihnen die Fassungslosigkeit, das stumme Entsetzen und die zitternde Angst. Gemeinsam sitzen wir nun an dieser leeren Feuerstelle wie am tiefsten und dunkelsten Punkt der Erde fest. Gefangen im Unfassbaren, so als gäbe es nur dieses Tal mit der Mühle, dieses schwarze Loch des Mordes, das uns alle hineinzieht. Doch einer unter ihnen muss nun gleich diesen Ort verlassen. Es ist Markus, der das verblutende Opfer in seinen Armen gehalten hatte. Ich nehme den verstörten Jungen mit auf mein Mentorat, damit er dort bei den Jungs meiner Wohngruppe übernachten kann. Was tun in dieser Situation? Wir brauchen Notfallpsychologen. Ich spreche den Schulleiter an, finde dafür jedoch kein Verständnis. Irgendetwas an diesem jetzt so dunklen Ort hatte den Mord möglich gemacht: Wir haben das Grauen angezogen. Ist es der jahrelange mangelnde Wille, Steintal zu reformieren? Die ineffektive, alte Organisation und wenig transparente Führung zu überdenken? Supervisionen auf allen Ebenen durchzuführen? Hierbei die sozialen Missstände im

Zusammenleben von Leitung, Kollegen und Schülern offenzulegen und offensiv zu bearbeiten? Was wir damals noch nicht ahnen: Ein anderes Landerziehungsheim der ehemaligen Reformbewegung wird später einmal mit seinen "Seilschaften" des Schweigens und seinem strukturell ermöglichten Missbrauch von Schülern scheitern und muss geschlossen werden. Jetzt wird endgültig klar: Auch Steintal ist mit seiner Fußball-akademie, mit seinen öffentlichkeitswirksamen Projekten und den vom Land in Millionenhöhe geförderten Restaurierungen zu viel "Hochglanz"-Prospekt, hat zu viel "Schein" und zu wenig "Sein".

Gibt es diese Dynamik des Dunkeln? Es kommt mir bekannt vor: Wo die Schatten sich im Zusammenleben ungehindert entfalten können und soziale Löcher entstehen, scheinen von außen Katastrophen angezogen zu werden.

Nachdem die Polizeiabsperrung an der Forellenmühle aufgehoben ist, wird bekannt, dass der Täter inzwischen gefasst wurde. Es handelt sich um einen 17jährigen Schüler auf Probe, der erst seit 3 Wochen am Internatsleben teilgenommen hatte. Der junge Mann, ein gebührtiger Schwarzafrikaner, hatte sich am Opfer rächen wollen, weil dieses sich geweigert hatte, ihm Geld zurückzuzahlen. Stattdessen soll Arian den Täter vor dessen Freunden verhöhnt haben. Für diesen ein

demütigender Gesichtsverlust. Geliehene 50 Euro wurden
so zum Motor der Tat…Nun hat ihn ein Mitschüler
verraten, der in seine Mordpläne eingeweiht gewesen war.
Der Täter wird festgenommen und inhaftiert. Alle sind
beruhigt. Aber noch einmal wird die Angst der Schüler
angefacht, als bekannt wird, dass der Mörder über einen
entlassenen Mitgefangenen Drohungen gegen diejenigen
ausspricht, die ihn als Mitwisser seiner Tat "verpfiffen"
hatten. Er will sie mithilfe anderer entlassener Häftlinge
umbringen und ihre Leichen entstellen lassen. Jetzt wird
endgültig eine große Mauer des Schweigens errichtet.
Schüler und Lehrer ziehen sich in die Anonymität zurück.
Man will nicht zum nächsten Opfer werden. Vergeblich
suche ich stattdessen das Gespräch. Ich halte diese Mauer
des Schweigens nicht aus und beschließe einen Nachruf
auf meinen Schüler zu schreiben. In manchen Klassen, in
denen er gelesen wird, entwickelt sich das Bedürfnis, dem
Unfassbaren Ausdruck zu verleihen. Ein Schüler gar
offenbart mir, er hätte gehört, wo die Mordwaffe sei. Ich
biete an, mit ihm zur Polizei zu gehen. Aber er will nicht.
Das dichte Netz der Mitwisserschaft wird langsam
offenbar und schockt mich in seinem Ausmaß.
Anscheinend hat der Täter sogar vor Schülern geübt, wie
er das Opfer mit Maske erstechen wollte. Oh, Steintal,
Steintal, welche tiefe Schatten wirfst du auf unser
Zusammenleben! Ich möchte hier Licht ins Dunkel des

Grauens bringen. Indem ich so versuche zu meinen Schülern zu halten, bringe ich mich selbst in Gefahr.

Wird das sogenannte Böse auf einen selbst aufmerksam, wenn man sich zu sehr mit ihm beschäftigt?

Die Drohungen aus dem Gefängnis sind ja schon ausgesprochen worden und alle ziehen den Kopf ein. Mir kommt in Erinnerung, dass ich einst Wochen vor dem Mord morgens auf dem Internatsgelände, auf dem Weg in den Unterricht, dem späteren Täter begegnet war. Ein 17-jähriger Junge, unsere Blicke trafen sich am Eingang zum Unterrichtsgebäude. Einen Moment war ich erschüttert von diesen Augen, die mich so voller Misstrauen anschauten. Wollte er schon damals nicht erkannt werden? Oder war er als Schwarzer selbst schon immer in dieser Rolle gewesen wie ein Fremdkörper behandelt zu werden, nicht dazu zu gehören? Hatte er nicht, wie zu mir vordrang, durch seinen Vater selbst Gewalt erfahren? Nein, diese Tat war durch nichts zu rechtfertigen.

Dennoch waren das Opfer und der Täter wieder austauschbar. Denn das Opfer war so selbst zum Täter geworden, während der Täter schon früh zum Opfer geworden war.

Der Gruppenleiter, der in jenen frühen Morgenstunden der Tat durch die Schreie des Opfers im Garten geweckt wurde und sich mit dem Ausmaß der Katastrophe auf seinem Mentorat konfrontiert sah, schläft jetzt nur noch mit Messer und Handy unter dem Kopfkissen ein. Ich biete ihm an, mit ihm zusammen den Mörder im Gefängnis aufzusuchen. Mit dem zu sprechen, der vielleicht jetzt ebenso fassungslos vor seiner Tat steht. Dort aber, wo es geschehen ist, ist nun ein Ort der Angst entstanden. Die kleine Hütte ist noch immer abgeschlossen und in ihr alles voller Blut. Nachdem der Raum endlich von den Spuren der Tat gereinigt ist, stellt sich die Frage, warum diese Hütte nicht abgerissen wird. Nicht in hundert Jahren würden hier wieder Schüler einziehen. Ich habe die Idee einer rituellen Reinigung durch eine Schamanin aus der Nähe. Diese ältere Frau geht seit Jahren an die Orte des Grauens, um diese wie sie sagt energetisch wieder herzustellen. So kommt sie eines Tages mit ihrem Mann auch nach Steintal und bringt neben Räucherwerk und Kerzen auch einen großen Bergkristall mit. Im Beisein von dem Mentor und mir räuchert sie nun den Raum aus, stellt auf ein Dreieckstuch am Boden drei Kerzen auf, in seiner Mitte den großen Kristall und sagt: "Dies ist Großvater-Stein. Großvater-Stein hat beschlossen bis Ostern hier zu bleiben." Das ist für uns und die vielen Schüler, die an manchen Tagen an die inzwischen von dem vielen Blut gereinigte Hütte gehen, um ihrerseits durch die Fenster in den kleinen jetzt leeren, dunklen Raum zu schauen, tröstlich. Ich kann ihnen jetzt davon erzählen. "Großvater" hält an diesem dunklen Ort Wache.

Unabhängig davon, ob man nun an die energetische Wirkung glaubt oder nicht: Unserem Inneren Kind war so etwas wie ein Teddy gegeben worden, an dem jeder von uns sich festhalten kann. Das ist einfach genial. Am Ende der Geschichte wird der gemeingefährliche Täter nach einem Ausbruchsversuch in das Hochsicherheitsgefängnis verlegt und so schnell aus der Sicherheitsverwahrung nicht mehr entlassen. Das ist zumindest unser aller Hoffnung. Mein "Akku" aber ist verbraucht. All das hatte mich zu viel Kraft gekostet. Zwei Operationen an Hand und Knie zeigen mir an, dass meine Zeit an diesem Internat nach 7 Jahren Leben mit den Jugendlichen vorbei ist. Nun gibt es nichts mehr, was ich an diesem Ort noch tun kann und nichts, was ich nicht erlebt habe. Die Zeit ist reif zu gehen, auch, da ich heiraten will und hier im Zusammenleben mit den Schülern keine Ehe führen kann. Doch nie wieder würde ich solch eine erfüllende Gemeinschaft mit meinen Schülern erleben, wie ich sie hier in Steintal trotz allem genoss. Die Schulleitung bescheinigt, ich hätte mich in meiner Arbeit mit diesen Jugendlichen bewährt. Ihr Zuspruch, den ich hier oftmals erfahren habe, wird mich in den folgenden Jahren ermutigen, auch an anderen Schulen schwierige Klassen zu führen. Nachdem ich als Lehrer für Deutsch und Geschichte eine Stelle an einem staatlichen Gymnasium erhalte, ziehe ich mit meiner zweiten Frau zurück in Richtung meiner Heimatsstadt. Auf einer großen

Stellwand im Internatsgelände hatten alle Steintaler einst ihrem Entsetzen und ihrer Trauer über diese Tat Ausdruck verlieren. Meine Worte an meinen Schüler brachte die Bildzeitung auf Seite 1:

„Willst du nicht an Aug´ und Sinn ermatten, folg´ dem Lichte nach, auch im Schatten." (Friedrich Nitzsche) Von deinem Lehrer"

Ohne Bedeutung

Mein zweitältester Sohn war in diesen schweren Tagen in Steintal zu Besuch. Als er einen Schüler von mir über diese bedrohliche Zeit fragte: "Hat sich denn niemand um euch gekümmert?", soll dieser nachgedacht und plötzlich geantwortet haben: „Doch einer, dein Vater!". Mein 17-jähriger erzählt mir diese Unterhaltung und ist beeindruckt. Jetzt war wohl auch ich für ihn ein „Held" geworden. Meine Handlungen, durch die ich mich in Gefahr brachte, mögen mutig gewesen sein. Aber ich hatte all das nicht für meinen Vater getan. Was passierte, war unvorhersehbar und was ich tat, geschah aus der Situation heraus. Ich war einfach Teil des Dramas. Angesichts der Schwere des Erlebten, verlor überraschend das „Ideal" für mich seine Bedeutung. Ich erkannte, wie leblos und hohl diese „Vorstellung" in Wahrheit ist. Es war von Anfang an eine Projektion, nur das nachträgliche Etikett anderer. Wesentlich war etwas anderes geworden: Ich hatte inmitten der Gefahr wieder zu meiner inneren Stärke gefunden.

Der Verrat

Sich selber treu zu bleiben: Eine Lebensaufgabe.

Es scheint so, als bin ich nun mit meinem Idealismus endgültig gescheitert. Um rasch Abstand zu gewinnen von allem was an diesem Ort geschah und um meine Partnerin heiraten zu können, wechsele ich die Stelle. Ich, der ehemalige Mauerdorfschullehrer, der Internatspädagoge übergehe mein pädagogisches Herz. Meine Ideale haben für mich ihre Bedeutung verloren. Nach der Schwere des Erlebten möchte ich nur noch abtauchen. Ganz normal leben und arbeiten. Ich werde ein ganz normaler Gymnasiallehrer an einer staatlichen Schule. "Da passt du nicht rein", meint mein ehemaliger Mentoren-Kollege vom Internat. Und meine Zen-Lehrerin spricht es deutlich aus: "Das wäre Verrat." Aber es ist die einzige Stelle, die ich mit meinen Fächern so schnell finden kann. Durch ein Versehen bei der Einstellung,- ich hatte mich auch auf ein Fach beworben, für das ich keine „Fakultas" besaß, das ich aber jahrelang in der Oberstufe des Internats unterrichten durfte, schlüpfe ich in die Stelle. Der Irrtum wird zwar spätestens beim Vorstellungsgespräch klar, aber jetzt ist trotzdem das Eis gebrochen und man will mich dann eben auch als Lehrer in meinen eigenen Fächern. Es wird organisiert. Mein erster Tag, an dem mich die Schulleiterin durch meine Schule führt, ist ein Schreck: Auf einmal befinde ich mich nicht mehr wie am Internat in einem naturgeschützten Tal mit bewaldeten Hügeln, Bach und Graureihern, sondern in einem leeren, funktionalen Betonbau aus den Siebzigern. Die zweistöckige Eingangshalle dieses grauen Monsters hat eine breite Steintreppe, über die vor, zwischen und nach dem Unterricht hunderte von Schülern strömen, eng aneinander gedrückt und laut wie in einer Schwimmhalle. Wenn sich die Klassentüren öffnen, bewege ich mich in diesen Massen wie einer, der stets bemüht ist bei sich zu bleiben, zentriert in seiner Mitte, ohne sich von der oft hektischen Dynamik des Schulalltags anstecken zu lassen. Hier ist es nötig in sich die Kraft und Gelassenheit zu finden, die für den Umgang mit den Jugendlichen so wichtig ist. Denn nichts hier unterstützt das eigene Wohlgefühl. Die Klassenräume haben zum Teil keine richtigen Steinwände, sondern nur dünne Holz-Schiebewände. Alles sollte ja der damaligen Ideologie entsprechend, transparent und "sozial" zugehen. Aber die Akustik ist grausam. Man hört während des Unterrichts aus den Nebenräumen und vom Flur vor den Klassenräumen alles. Undefinierbar sind oft die plötzlich lauten, rollenden Geräuschen in der Decke während des Unterrichtes. Es gibt kaum echte Farben, sondern nur grelle Neonstreifen an den Deckenkonstruktionen, die sich in ihrer Eintönigkeit in den jeweiligen Stockwerken wiederholen. Das Lehrerzimmer selbst gleicht mehr einem Schuhkarton, in dem sich die Kollegen in schlechter Luft eng an den Tischen tummeln. Dieser Ort ist eine architektonische Totgeburt einer einzig zweckrational operierenden, staatlichen Verwaltung. Er hat keine Atmosphäre, keine Seele. Alles ist hier so anders. Doch gefühlt passe ich in das Miteinander dieser netten Truppe im kleinen, engen Lehrerzimmer gut herein. Man mag mich. Ich mache meinen Job und lache gerne mit vielen jungen Kollegen, auch wenn mir das Lachen manchmal im Halse stecken bleibt. Etwa, wenn die Schulleiterin schon wieder im Lehrerzimmer einen Blumenstrauß mit Urkunde überreicht: Nicht nur Geburtstage werden pflichtgemäß mit einer Karte bedacht, die Beamten beklatschen sich gegenseitig zu ihren Beförderungen und zu ihrer Berentung. Denn im Gegensatz zu den meisten Bürgern des Staates haben Sie eine nicht unerhebliche Altersrente. Ihr Lebensabend ist mehr als gesichert. Ich befinde mich als angestellter Lehrer am Rande dieser Identität und weiß nicht, ob ich neidisch oder stolz sein soll. Mein Lohn ist ungerecht. Ich fühle mich besonders anfangs durch das Schulamt massiv runterbezahlt. Aufgrund meines Stellenwechsels von der Privatschule zurück in den staatlichen Schuldienst hatte man mir massiv Lohn gestrichen. Nun verdiene ich im Vergleich zu den Kollegen ein Drittel bis die Hälfte weniger. Das ist heftig und bringt mich in Not. Es wird nur durch die beharrlichen Verhandlungen meiner Schulleiterin mit der Behörde etwas gemildert. Aber so ist es halt: Irgendwie war ich immer ein „Freigeist" und habe oft den Mut aufgebracht, Stellen zu wechseln, wenn ich es für richtig hielt. Also prozessiere ich mit Hilfe meiner Gewerkschaft mit meinem Arbeitgeber, dem Bundesland, jahrelang vor Gericht, um eine gerechtere Bezahlung zu erhalten. Am Ende verliere ich doch, da sich die Gesetzeslage endgültig zu meinen Ungunsten verändert. Sicher, es wäre gerade für mich als unterhaltzahlender Vater von vier Kindern eine große Erleichterung gewesen, mehr Geld zu verdienen, aber "Vater Staat" ist da anderer Ansicht. Meine jahrelange engagierte und vielfältige pädagogische Arbeit und Erfahrung scheint ihm nicht zu genügen. Zwar bin ich inzwischen ein erfolgreicher Lehrer, aber wie gesagt, meine nicht besonders guten Noten aus der Zeit der Lehramtsprüfung im Referendariat hängen mir wie ein jahrzehntealter Schatten immer noch nach. Damals war ich schon ein junger Vater von vier kleinen Kindern und innerlich weit entfernt den genormt-engen Prüfungen des Staates zu entsprechen. Sie kamen mir ein ums andere Mal nur wie "spanische Stiefel" vor, die ich mir nicht wirklich anziehen wollte. War ich doch immer dort sehr gut gewesen, wo etwas mich zu interessieren begann. Das war im Prinzip nicht anders als bei meinen Schülern. Meine Zulassungsarbeit zum Staatsexamen im Fach Germanistik schrieb ich über

Goethes „Faust". Er hatte mich von Anfang an „gefesselt". Ich erhielt dafür eine sehr gute Note. Ebenso schrieb ich in der Examens-Prüfung für Neuere Geschichte die beste Arbeit über den „Dreißigjährigen Krieg". Aber das hatte mein Vater nicht interessiert und hier war etwas zu einem unverwüstlichen Doppelgänger geworden, den ich einfach nicht abschütteln kann. "Ich will Leistung sehen." Meine „Leistung" ist auch hier immer noch nicht gut genug…Dies ist anscheinend kein Weg, um Anschluss an eine Gruppe zu gewinnen. Was ist es denn gewesen, was mich all die Jahre zuvor wirklich bewegt hatte? Aus einem engagierten Pädagogen ist ein funktionierendes Rädchen im staatlichen Schulgetriebe geworden. Bald schon jage ich wie alle anderen nur noch Klassenarbeiten und Noten hinterher. Ich entwickle zwar mit der jahrelangen Unterrichtserfahrung besonders in der Oberstufe einen Zuwachs an Professionalität und fachlicher Kompetenz. Ich arbeite mit meinen Kursen sehr gerne an moderner Literatur. Ich fördere im Ungang mit den Werken von Büchner, Kafka und Frisch interpretatorische Tiefe, Überschau und Gründlichkeit. Ich gebe zahlreichen Abiturienten anderer Schulen für die schriftliche Abi-Prüfung Nachhilfe. Ich bin gefragt. All das ist hilfreich. Auch hier aber ist es mir ein Anliegen, meinen Schülern zu begegnen. Immer wieder versuche ich mit ihnen das Gespräch zu suchen, diskutiere mit den größeren in einem werteorientierten Unterricht im

Zusammenhang des Unterrichtsthemas auch über aktuelle Fragen der Weltpolitik.

Aber auf einmal sehe ich mich in der Mühle eines staatlichen Systems gefangen, in dem es nicht, wie ehemals am Internat in erster Linie um die Entwicklung der Persönlichkeit des Schülers geht, sondern um seine Note und seine Versetzung. Allzu schnell werden auf Beschluss der Notenkonferenz für Unterstufenschüler Realschulempfehlungen ausgesprochen. Die soziale und emotionale Situation der einzelnen Schüler spielt hierbei kaum eine Rolle. Wenn ich in Versetzungskonferenzen die private Situation eines gefährdeten Schülers ansprecher, verdreht so mancher Kollege die Augen. Weder gibt es in diesen Kreisen ein ausgeprägtes Verständnis für Entwicklungspsychologie, noch staatlicherseits genügend Instrumente, um hier fördernd und steuernd dem familiär und psychisch belasteten Kind zur Seite zu stehen. Ja, es gibt "Schulberatungsstellen" und an unserer Schule wird ein schuleigener Nachhilfeunterricht von Mitschülern angeboten. Aber im gymnasialen System wird gerne selektiert. Nicht Förderung aller, sondern Auswahl der Besten ist das geheime Ziel aller korrigierten Klassenarbeiten und Zeugnisse, in denen sich kaum Lob, dafür aber, ganz wie in unserer Gesellschaft üblich, viel defizitär orientierte Kritik findet. Denn die Besten der Schule repräsentieren zugleich die zukünftige gesellschaftliche "Spitze" und werden mit Extra-Preisen vor allen anderen ausgezeichnet. Was hier wie in dem Mainstream der bundesdeutschen Gesellschaft zählt, ist nicht das eigene Können, das der Gemeinschaft zur Verfügung gestellt wird, sondern die individuelle Leistung: Auch hier wird das kapitalistische Prinzip der Konkurrenz gefördert. Eine Brutstätte von Neid und Egoismus. Einen Großteil der Schülerschaft aber andererseits derart herabzusetzen, auch darin sind die Deutschen Weltmeister. Ganz wie im „Dreiklassen-wahlrecht" der Kaiserzeit, gibt es nämlich nur in Deutschland noch die geheime Denkungsart von Haupt- ,Real- und Oberschule. Alle Versuche, die mit dieser Unterscheidung verbundenen Gräben durch zahlreiche Neben,- und Umwege zu ebnen, Übergänge innerhalb der Schullandschaft zu ermöglichen, haben die Hierarchie in den Köpfen nicht abgeschafft. Es wird einfach der „Aufkleber" ausgetauscht: Aus Hauptschulen werden zunächst "Werkrealschulen". Die Realschulen werden geschlossen. Am Ende werden vor allem die Nicht-Gymnasialen in sogenannten „Gemeinschaftsschulen" gesammelt. So gibt es in meinem Bundesland als Schultyp schließlich nur noch das Gymnasium und die Gemeinschaftsschule: Die Elite und den „Rest", die Gewinner und die Verlierer. Denn der "Abiturient" besitzt immer noch die höchste Anerkennung in der Gesellschaft. Sein Abschluss hat anscheinend mehr "Wert". Seine Chance, über ein Studium eine besser bezahlte Arbeit zu finden, ist ungleich höher als für den, der "nur" einen Abschluss auf Hauptschulniveau hingekriegt hat. Selten wird der Aufstieg innerhalb dieser Hierarchie geschafft, eher dafür der Abstieg. Natürlich gibt es auch hier engagierte Pädagogen, Vertrauenslehrer und allerlei Schülerveranstaltungen und Feste. Es gibt ebenso soziale Projekte und Schüler-Engagement gegenüber jüngeren Mitschülern. Aber das ändert nichts an dem dominanten System, an meinem Gefühl, mich in Wahrheit in keiner echten Schule, sondern in einer Fabrik zu befinden: Einer Fabrik für Noten und Schulängste. Deutschland möchte für sein Bildungswesen trotz internationaler Kritik einfach nicht zu viel Geld ausgeben. Denn jede in regelmäßigen Abständen auf Behördensesseln klug ausgedachte Reform des Bildungsplans etwa mutet wie ein bunter "Zauber-Würfel" an, dessen Farbsteinchen zwar hin und her geschoben werden können, dessen Form und Eigenart aber immer dieselbe bleibt. Der ständige Notenterror, der Prüfungsdruck an den Gymnasien, das Selektionsprinzip der Angst werden trotz aller Reförmchen nicht verändert. Ich versuche Gegengewichte zu schaffen. Inmitten der abstrakten Wissensvermittlung und der Diktatur von Noten setze ich auf „Bilder". Sie erleichtern das Lernen und schaffen Möglichkeiten zur Identifikation. Meine Kleinen lasse ich zum Beispiel im Fach Geschichte ein eigenes Heft malen, mit von uns allen selbstformulierten Texten und zu den Epochen ausgedruckten und gemalten farbigen Illustrationen. Stolz dürfen sie vor der Klasse ihre schönen Hefte präsentieren und bekommen dafür nicht selten Applaus. Sie leben noch so gern im Geheimnisvollen und Mythischen und versuchen innerhalb einer Erwachsenenwelt zu träumen, die das immer weniger zulässt. Bei mir dürfen sie "trinken". So behandele ich in meinem Geschichtsunterricht über das europäische Mittelalter in Klasse 7 nicht nur das System des Lehenswesens, ermögliche ihnen, die Grundherrschaft und die Dreifelderwirtschaft zu erarbeiten, erkunde mit meinen Schülern das Leben in mittelalterlichen Städten und suche das Drama der Kreuzzüge nachzuvollziehen... Ich versuche mit meinen Schülern auch das damalige religiöse Weltbild zu verstehen. Hierzu gehört für mich genauso die Geschichte, die sich die wohlhabenden Ritter auf den deutschen Burgen dieser Zeit erzählen ließen. Die Geschichte Parzivals, die Geschichte von der Suche nach dem Gral. Das eine und andere Mal schmückt am Schluss meiner Stunde sein buntes Kreidebild die Tafel. Denn die legendäre Gralsschale ist für mich nicht einfach eine fragwürdige Wiederbelebung eines historisch kaum verifizierbaren Mythos für ahnungslose Schüler. Wenn ich gerade diesem Bild neben Fakten und Informationen in meinem Unterricht Raum gebe, dann, weil ich mich oft frage, wie diese jungen Menschen, die ich gerade unterrichte, einmal ihr Leben werden bestehen können. Was gebe ich ihnen mit? Was ernährt sie wirklich? Sind das all die Fakten, die sie schon bald wieder vergessen haben werden? Sie haben für sie selten eine emotionale Bedeutung, weil sie darin für sich persönlich keinen „SINN" entdecken können. Wer vermittelt also diesen Seelen Bilder, die sie ermutigen, selbst den Weg einer Inneren Reise zu gehen wie ich es tat? Mit wem können sie so über Leben und Tod sprechen? Ist der Letztere nicht in Wahrheit auch eine Reise, die wir alle nicht fürchten müssen? Lassen wir diese Kinder in unserer am Konsum orientierten Zeit nicht in Wahrheit mit ihren Fragen und ihrer Angst vor dem Tod ziemlich alleine? Ich weiß, dass gerade sie altersgemäß auf der Suche nach dem „Geheimnisvollen" sind. Doch das Geheimnis des Lebens und des Todes ist für mich keine Angelegenheit des Faches Religion, welches diese Suche eher mit kirchlichen Begriffen erschlägt und ihr als reine „Glaubensfrage" das Abenteuerliche und Faszinierende nimmt. Hier versagen Kirchen. Denn es geht nicht darum, diesen Mädchen und Jungen abgelutschte Formeln als scheinbare Antworten zu präsentieren, sondern sie zu motivieren, sich selbst auf diese spirituelle Reise zu begeben. So lese ich ihnen auch manchmal Geschichten vor oder erzähle Spannendes aus meinem Leben. Natürlich: Schulbücher sind des öfteren hilfreich, wenn es darum geht, sich selbst ein Bild von jener Zeit zu machen. Bilder und Augenzeugenberichte etwa kann man darin als Quellen mit geringfügiger Hilfe des Lehrers möglichst eigenständig erarbeiten. Das muss nicht immer langweilig sein, sondern kann Schüler wirklich interessieren. Zum Beispiel, wenn sie mithilfe der zuvor behandelten Informationen des Geschichtsbuches sowie einer Karte von den deutschen, französischen und spanischen Orten des mittelalterlichen Jakobsweges „Briefe" über das auf der Reise Erlebte nach Hause schreiben, usw.. Aber lebendige Erzählungen des Lehrers faszinieren. Hier kann man lachen, können Lebensweisheiten vermittelt werden. In unserer digitalen Zeit sitzt mir eine Generation gegenüber, die das nicht mehr zu kennen scheint und die es genießt, einfach mal eintauchen zu können. Wie oft begrüßt mich beim Hereinkommen sogleich die Frage: „Erzählen sie heute wieder?" Ich weiß, das ist alles nicht sonderlich gymnasial. Aber nicht nur in dieser Hinsicht finde ich „hungern" viele Schüler in den staatlichen Schulen: Jahrelang hatte ich als Pädagoge mit den Jungen meines Mentorats zusammengelebt. Auch jetzt noch glaube ich, dass diese im herkömmlichen Schulwesen häufig verloren sind: Viele sind laut, rüpelig, aggressiv. Die Allermeisten wollen sich lieber raufen und Fußball spielen. Sie lieben es, sich körperlich zu messen, statt in einem langweiligen Unterricht still sitzen zu müssen. Hausaufgaben sind allgemein unbeliebt. Es ist eher cool nichts zu tun, "abzuhängen" und faul zu sein. Die kleinen Rüpel sind frech und erkennen wenige Autoritäten an. Nicht selten müssen solche pubertären Jungs irgendwann die Schule verlassen. Auch hier bietet ihnen das System mit Ausnahme des Sportunterrichtes wenig Möglichkeiten an, sie selbst zu sein, ihre keimende Männlichkeit zu entfalten, mit ihnen Lernwege zu finden, die dieses ureigene Verlangen nach Bewegung und Kraft stärker berücksichtigt. Ganze Generationen engagierter Pädagoginnen haben sich stattdessen seit ihrer Kindergartenzeit daran abgearbeitet, diese Burschen in Gruppen und Abläufe zu integrieren, Regeln einzufordern. Doch ihre Ausdauer und Stärke als Frauen hat zu Einem naturgemäß nie reichen können, was diese Jungs so sehr brauchen, wonach sie für ihre Entwicklung dürsten: Für sie ein *männliches Vorbild* zu sein. Wie viele dieser kleinen Tyrannen hatten seit ihren Kindertagen nur Frauen um sich: Die Mutter, weil der Vater arbeitet oder getrennt lebt, die Kindergärtnerin, die Grundschullehrerin, die Gymnasial-Lehrerinnen. Das ist zu viel! Irgendwann wird der Aufstand geprobt, werden nicht selten engagierte junge Lehrerinnen zur Verzweiflung gebracht und die neugeborenen Machos stecken sich die Federn. (Anhang 2) Wohl bin ich nicht der Einzige unter meinen Kollegen, der diesen Missstand bemerkt, aber der Einzige, der etwas Konkretes dagegen unternimmt: Ich gründe an der Schule eine Jungen-AG, die schnell Zulauf hat. In Spitzenzeiten sind es etwa 12 Jungs, die regelmäßig zu unserem Boxtraining in der Sporthalle kommen. Ich lade erfahrene Trainer ein, die mit meinen Jungs pädagogisch arbeiten, sei es im Box-training, im Rugby oder im Fechttraining. Gerade der Boxsport ist richtig verstanden das genaue Gegenteil von gewaltbereiter Rauferei. Er fordert von den jungen Leuten Grenzen und Regeln ein, sowie den Respekt vor dem Gegner, der kein Feind ist: Es muss Abstand gewahrt bleiben, unfairer Kampf, wie z.B. Tiefschläge sind nicht erlaubt. Jeder Schlag muss geschützt sein und folgt einer genauen Technik. Bei Verletzungen wird der Kampf sofort unterbrochen. Beim Training mit den Jungs geht es dem Trainer, einem erfahrenen Boxer, der seit Jahren an Schulen Boxen unterrichtet, darum, die genaue Schritt-, und Schlagfolge, Haltung und Abstand zu vermitteln. Er wird von den Jungs respektiert. Alle Trainer werden als sportliche Vorbilder jungengemäß geachtet. Ich selbst fordere sie zum Kampf heraus, lobe und anerkenne ihr sportliches Können. Denn an diesem Ort soll sie anders als im Unterricht, wo gerade pubertierende Jungs häufig der negative Fokus der Lehrer trifft, eine positive Aufmerksamkeit in ihrer Entwicklung unterstützen. Das gegenseitige Vertrauen wächst. Ich suche das Gespräch und bin überrascht von diesen Burschen zum ersten Mal private Probleme mit den Eltern zu erfahren. Endlich kann ich sie vorsichtig unterstützen, wie ich es einst am Internat tat. Mit meinem so gewonnenen Wissen und Ver-trauensvorschub wäre es sinnvoll, wie eine Art jungenpädagogischer Beauftragter in Klassenkonferenzen für so manchen schwierigen Schüler vermittelnd aufzutreten. Doch mein Versuch, auf diese Art ein pädagogisches Bindeglied zu Kollegen und zur Schule insgesamt darzustellen, scheitert. Meine Vorstellung eines jungenpädagogischen Konzeptes für die Schule vor der Gesamtkonferenz wird zwar von vielen Kollegen begeistert aufgenommen, die einst frauenbewegte Schulleitung selbst aber hat dafür kein Verständnis. Meine Initiative versinkt im Schlamm der schulinternen Bürokratie, ohne je angefragt zu werden. Mit der Zeit versickert auch mein Engagement im Kollegium und in den Konferenzen, etwa in meiner beratenden Tätigkeit von jungen Kollegen. Es wird klar: Ich kann so nicht aus meiner pädagogischen Nische in der Schule ausbrechen. Meine Unzufriedenheit wächst. Langsam fühle ich mich nicht nur von meinem Status her in diesem gymnasialen Kollegium am Rande stehend. Auch von meiner Einstellung her bin ich ein manchmal belächelter und geduldeter Außenseiter. Hier friste ich mein Dasein wie ein Schatten meiner selbst. Die allmorgendlichen, frühen Fahrten mit dem Auto im Pendelverkehr der Bundesstraße, der zusätzliche Druck nach einer Stunde Fahrt mit Staus und Aggressivität im Straßenverkehr morgens rechtzeitig an der Schule zu sein, zermürben mich zusätzlich. Ich beginne gesundheitlich zu reagieren, habe u.a. immer wieder leicht Fieber, zeige Symptome des Burn-out, konsultiere Ärzte und Krankengymnastik. Es geht nicht mehr. Nach neun Jahren Dienst muss ich wieder gehen. Zunehmend bewerbe ich mich an privaten Schulen, doch sind die an mir interessierten Internate zu weit fort. Lange finde ich keinen Ausweg. Da fällt mir eines Morgens auf der Fahrt plötzlich ein, dass ich aus Krankheitsgründen einen Versetzungsantrag stellen könnte, mit dem Angebot, als Lehrer an eine "Gemeinschaftsschule" zu gehen. Ich weiß: Dieses neue, stärker pädagogisch ausgerichtete Schulmodell ist unter weitaus den meisten Gymnasialkollegen nicht sehr beliebt, auch vom Konzept her wenig geschätzt. Der differenzierte Unterricht wird kritisch gesehen. "Es fehlt die Oberstufe und dann ist da noch das andere Klientel." Aber für mich ist da plötzlich eine echte Perspektive. Hatte ich mich nicht sowieso schon vor einem Jahr an einer solchen beworben? Ich war überraschend vom Regierungspräsidium nur aufgrund meiner Fächerkombination nicht genommen worden, obwohl die Schulleitungskonferenz mich gerne beschäftigt hätte. - Gedacht, getan. Am 1.1. stelle ich online den Antrag und erfahre schon bald, dass meinem Wunsch, den neuen Schulstandort in meinem Wohnort zu finden, entsprochen wird. Ja, zufällig wird sogar eine Stelle mit meinen Fächern an der von mir bevorzugten Schule frei und ich soll zum neuen Schuljahr dort eingestellt werden. Mir gelingt, was sonst kein Kollege schafft: Versetzt zu werden. Was für ein *Wunder* nach so langer Zeit vergeblicher Suche! Es fällt mir das Wort eines befreundeten Mediums ein: "Wenn es sein soll, geht auf einmal alles ganz leicht und schnell." Mein baldiger Wechsel war voraus gesehen worden... Es kommt der Tag des Abschieds. Ich halte am letzten Schultag, nachdem alle Schüler der Schule schon in die Ferien gegangen sind, im Lehrerzimmer eine kleine Ansprache, bedanke mich für die Unterstützung und Kollegialität so vieler netter Kollegen, für so manches lustiges Beisammensein. Doch jetzt würde ich zu meinen Ursprüngen zurückkehren. Denn die Schuljahresabschlusskonferenz an der neuen Schule habe ich statt eines Abschiedsessens schon bevorzugt wahrgenommen. Ich habe in den vielen persönlichen Gesprächen mit der Leitung und den neuen Kollegen, sogleich das Gefühl, in die Heimat zurück zu kehren. Hier sitzen mir, ganz wie in den Zeiten Steintals, engagierte Pädagoginnen an einem Bier-Tisch gegenüber, die so "ticken" wie ich. Ich bin dort sofort nicht "der Gymnasiallehrer" unter den ehemaligen Haupt- und Real- schullehrern der Gemeinschaftsschule, sondern einfach einer von ihnen."Du passt hier gut herein", sagt mein neuer Schulleiter.- Ich finde meinen Platz an einem Ort, der Schüler vieler Schulniveaus sammelt. Das ist viel näher an meinen reformpädagogischen Wurzeln und ein annehmbarer Übergang. Denn noch ist es in Deutschland nicht Zeit, ganz und gar Schluss zu machen mit einem hierarchischen Schulsystem, das mit Massenabfertigungen vorallem Langeweile, Schulängste und Verlierer produziert.

Meine Abkehr von meinen Idealen hatte eine innere Leere hinterlassen, die ich auch durch kleinere pädagogische Bemühungen nicht füllen konnte. Sie beantwortete nicht die Frage, wer ich als Lehrer eigentlich bin. Wie Parzival nach seinem Rauswurf aus Montsalväsche irrte auch ich vergeblich durch die Wälder um die innere Burg des Grals. Isolation und körperliche Erschöpfung zwangen mich zur Umkehr. Manchmal sind es vielleicht solche Umwege, die uns helfen zu erkennen, was für uns wirklich wichtig ist.

ANKOMMEN IM TAL

An der Seite der Anderen

Meine neue Schule liegt im Tal der Stadt. Von den Höhen enttäuschter Ideale bin ich angekommen in der Realität einer Gemeinschaftsschule, in der sich diejenigen Schüler sammeln, die im regulären Schulwesen keine Chance haben. Ja, hier gibt es auch gymnasiale Schüler, doch sind es vor allem die Bedürftigen, die Orientierungslosen, die Dankbaren, die Anderen. Da meine neue Schule eine Inklusionsschule ist, haben wir auch behinderte Schüler. Hier ist manches anders. Morgens komme ich die Treppe zum alten Schulbau hoch, als käme ich auf Station im Altenheim. Der Gang mit den Klassenzimmern ist fensterlos. Außer durch die Lampen kommt nur aus kleinen Türfenstern von einer Seite Licht. Dies war einst die Grund,-und Hauptschule und ich kenne den Bau. Denn vor Jahren wollte ich hier einen Zettel aufhängen: Ein Nachhilfe-Angebot in Deutsch. Ein alter Pädagoge mit grauem Rauschebart stand wohlwollend lächelnd im Türrahmen am Ende des Ganges. Er lehnte zwar dankend ab, wohl aber war er positiv überrascht, dass sich gerade hierher jemand verirrt, an einem von der Gesellschaft wenig wahrgenommenen Ort. Dass jemand den Kindern mit seiner Fachkompetenz helfen will, wenn auch nicht umsonst. Doch das ist schon Jahre her. Wer hätte es gedacht? Nun bin *ich* es, der als neuer Klassenlehrer einer 9ten Klasse die Treppen heraufsteigt. Von weitem ruft ein Flüchtlingskind meinen Namen. Sie wünscht sich, dass ich sie sehe. Ich werde immer wieder von verschiedenen Kindern in den Klassen gefragt, ob ich ihr Freund bin, ob ich sie lieb habe. Meine Vorgängerin hat die Klasse in einem desolaten Zustand hinterlassen. Sie gilt als schwierig. Die Verhältnisse sind zu Anfang chaotisch. Ein normaler Unterricht ist kaum möglich. Es wird in den Unterricht hereingerufen. Das Ganze gleicht eher einer lustigen, ausgelassenen Kneipe, als einer Klasse im Unterricht. Ich fahre zweigleisig: Baue eine Beziehung zu meinen Schülern auf, bin auch lustig mit ihnen, aber vor allem wertschätzend und respektvoll jedem Einzelnen gegenüber. Ich lobe sie, wo es geht und versuche sie zu verstehen. Wenn ich bemerke, dass ich mich im Stress einem Schüler gegenüber im Ton vergriffen habe, entschuldige ich mich, auch vor der Klasse. Das bemerken Viele. Denn nur dann geht das Andere auch: Ich bin sehr streng mit ihnen, fordere Regeln ein und greife konsequent durch. Doch wie gesagt möglichst nicht beleidigend oder beleidigt, sondern schon im nächsten Moment wieder normal und locker im Tonfall. Denn als Lehrer muss man auch wie ein Dirigent mit den Stimmungen der Pubertierenden umgehen können. Ich biete ihnen Stoff zum Lernen und fordere sie. Das ist nicht so einfach. Denn die Lernniveaus sind hier an der

Gemeinschaftsschule sehr unterschiedlich: Ich habe in meiner Lerngruppe Kinder auf Haupt-, auf Real- und einige wenige auf Gymnasialniveau sitzen. Viele wollen zeigen, was sie können und gesehen werden. So erstelle ich Aufgabentypen mit verschiedenen Anforderungen, gemäß den unterschiedlichen Abschlüssen, die am Ende des Schuljahres angestrebt werden. Doch das ist nicht die einzige Herausforderung. Meine Klasse gehört auch zum psycho-sozialen Bereich. Was das heißt, werde ich bald merken: Ein nettes Mädchen hat sich noch vor kurzem geritzt und lebt wie manche andere Kinder hier in der Klasse in einer Wohngruppe, weil die Mutter Alkoholikerin ist oder das Verhältnis zu Vater oder Mutter zerrüttet, ein anderes kommt aus der Klinikschule, ist die ersten Wochen nach Aufnahme in unserer Lerngruppe psychisch total überfordert. Ihr ist alles zu viel, sie weint und will wieder zurück in den kleinen geschützten Rahmen: Denn Ilona wurde vergewaltigt, ist schwer traumatisiert. Ein weiteres Mädchen ist ebenfalls erst seit Kurzem da: In ihrem Krankenbericht steht, dass sie einen Wasserkopf hatte. Sie hat extreme Lernschwierigkeiten, eigentlich Förderbedarf. Häufig muss sie nachfragen. Versteht den Unterrichtsstoff nicht. Ist schnell überfordert, beleidigt und verlässt den Unterricht. Nun wird sie gemobbt, denn sie erzählt Krankengeschichten, die immer unwahrscheinlicher werden. Keiner in der Klasse glaubt ihr mehr. Ein anderer Bursche war die letzten Jahre kaum zu unterrichten. Er hängt der rechten Szene an, ist gegen alles, macht Geräusche, provoziert die Lehrer mit seinen Bemerkungen und seinem spitzen Gelächter. Sein Tischnachbar flog schon von einer anderen Schule: Diebstahl-Delikt. In der Schule wird eingebrochen. Die Tür des Sekretariats wird übers Wochenende aus dem Rahmen gebrochen. Der Verdacht fällt nun natürlich auf ihn.... Ein Weiterer wird innerhalb der Klasse auffällig, weil er mit viel Geld und Rauschgift angibt. Ich sitze als Klassenlehrer 2 Stunden auf der Polizei-Dienststelle, um seine Personenkontrolle zu besprechen. In Absprache mit dem zuständigen Leiter wird er aus meinem Unterricht herausgeholt und von zwei Beamten der Drogenfahndung im Nebenraum gefilzt. Er hat 1000 Euro dabei und behauptet, das sei nur das Weihnachtsgeld. So geht es weiter. Diese Schüler fordern viel. Ihre Schicksale sind schwer. Immer wieder befinde ich mich mit ihnen im Gespräch, baue Beziehungen auf, von Anfang an. Sie sollen wissen, dass ich trotzdem an ihrer Seite stehe, hinter jedem, auch wenn es manche mir, weiß Gott nicht leicht machen: Nachdem die Polizei wieder fort ist, fragt mich der untersuchte Junge mitten im Unterricht, ob ich von der Aktion wusste. Ich sage, dass ich durch einen Anruf über die Sache verständigt wurde, dass es aber dabei nicht darum ging, ihn herunter zu machen. Dass er nun kein "böser Mensch" sei, sondern, dass die Polizei verhindern will, dass er sich seine Zukunft verbaut und in diesen Drogensumpf immer weiter abrutscht. Ich würde ihn als Person schätzen und mögen und einfach wollen, dass er "in seiner Zukunft glücklich ist". Es wird noch viele Gespräche mit ihm geben müssen, bis sein Vertrauen in mich wieder wächst. Doch er geht kaum noch zur Schule. Er verkauft lieber "Canabis". Auf einmal trägt er eine teure bestickte Lederjacke mit Silberkette um den Hals. Nun ist sein Hauptschulabschluss in Gefahr. Zum Halbjahr stehen lauter "5en" in seinem Zeugnis. Der Karren ist gründlich im Dreck. Die Schulleitung hat ihn inzwischen aufgegeben. Schon vor mir im letzten Schuljahr hatte man alles versucht. Gespräche mit ihm geführt und "goldene Brücken" gebaut. Doch jetzt ist die Stunde der Wahrheit. Er steht kurz davor zu scheitern. Ich möchte mich nicht mitschuldig daran machen, dass er seinen Abschluss eventuell nicht mehr schafft und sein weiteres Leben vorwiegend als Dealer oder Konsument von weichen und irgendwann harten Drogen verbringt: Gefängnis, Vorstrafe, Existenz am Rand, Einbahnstraße. Ich will ihm diese letzte Chance bieten, parallel zum Unterricht Nachhilfe in den Hauptfächern zu bekommen. Möglichst durch einen Studenten, der die Fachlehrer im Haus ansprechen kann, um gezielter mit "Jan" zu arbeiten. Es wird mit den Eltern ein Termin vereinbart. Er weiß, dass ich ihm helfen will. Und als ich ihm sage, dass die Bedingung wäre, dass er ab nun regelmäßig zum Unterricht käme, sonst hätte er diese letzte Chance verspielt, willigt er ein. Das Vertrauen ist wieder da. Hier kann man nur arbeiten, wenn man ein Kämpferherz besitzt. Auch auf Seiten der Mitarbeiter ist diese Schule nicht „ideal". Hier gibt es natürlich genauso „Menschen", mit allem, was dazu gehört: Uneingestandene Hierachrchien, grenzüberschreitendes Verhalten, Mobbing sowie verdeckte ideologische Vorstellungen. Doch inzwischen ist mir die Balance wichtiger, als je zuvor: Die sinnvolle Kooperation mit ihnen für die Projekte der Schule einerseits und die ungebrochene Verbundenheit mit meinen eigenen pädagogischen Impulsen andererseits. Sie erfordert eben manchmal auch Abgrenzung. Denn noch kann ich vieles nicht so umsetzen wie ich will, fühle mich mit meiner Klasse manchmal an der Grenze der Belastbarkeit. An unserer Schule jagt zudem eine Veranstaltung oder Planung die andere. Dann brauche ich Raum und Rückzug, um wieder in meine Mitte zu kommen, mich neu zu ordnen und zu schauen, was als Nächstes anliegt. Wenn dann aber der schwierigste Schüler der Klasse plötzlich bei mir abends anruft, um zu fragen, wie er sich jetzt gegenüber einem Kollegen verhalten soll, dann ist das für mich das schönste Geschenk und ich weiß wieder, wie gerne ich diesen Job trotz aller Anstrengung mache. Nach einem weiteren Jahr der Arbeit als Klassenlehrer in dieser Lerngruppe, hat auf jeden Fall das „Schiff", das leck war und Schlagseite hatte, seine Fahrt Richtung Realschulabschluss aufgenommen: Ich habe die Kollegen „mit ins Boot geholt" und „Ruhe" hergestellt. Ein normaler Unterricht ist weitestgehend möglich. Alle Schüler bestehen die Abschlussprüfung und können nun in die Welt hinaus gehen. Doch wie überall und besonders in dieser Schulform gibt es auch jene, die überhaupt keine Bücher lesen mögen, die partout keinen Schreiber in die Hand nehmen wollen. Ich denke dabei an einen Schüler der Unterstufe, der jedesmal zusammensackt und den Kopf auf die Tischplatte legt, wenn er einen schriftlichen Arbeitsauftrag bekommt. Selbst die geschickte Arbeit des im Unterricht neben ihm sitzenden Therapeuten ist häufig erfolglos. Er hat einfach „keinen Bock" und gibt das Arbeitsblatt oft leer ab.

Er ist wie ich. Auch ich hatte oft wenig Lust auf Schule. Als Schüler hing ich lieber meinen Träumen nach und malte. Am Ende der Stunde musste ich oftmals das am Pult nachfragen, was ich wiedereinmal überhört hatte. Etwa, wie das nun eigentlich ist, wann man jetzt „das" mit einem und wann mit zwei „s" schreibt. Wenn wir aber für die Eltern Karten zum Advent malen sollten, dann stand aufeinmal die ganze Klasse um meinen Tisch herum.- Viele von uns Lehrern scheinen vergessen zu haben, wie es ihnen als Schüler ging.

Was kann ich also für ihn tun? Diese Unterrichts-konzeption ermöglicht den Schülern ja eigentlich viel mehr als in anderen Schulformen selbstständiges Arbeiten. Es wird weniger frontal unterrichtet. Die Schüler arbeiten meistens an eigenen Präsentationen. Doch sind das oft nicht seine Themen. Als ich ihn und die Lerngruppe aber am Vorbild von „Daedalos und Ikarus" eines Tages eine eigene kleine mythische Geschichte schreiben und malen lasse, ist er sofort dabei. Ich habe seinen Nerv getroffen. Stolz präsentiert er wie aus einem innerem Antrieb heraus seine Ergebnisse an der Tafel. Er liest von einem Blatt seine Geschichte vor und zeigt seine dazu gemalten Bilder der Klasse. Lenni erhält von allen Applaus. Hier war auch er heldenhaft wie „Ikaros" und konnte einen Augenblick lang das enge Schulsystem mit den „Flügeln" seiner Fantasie verlassen…

Inzwischen aber frage ich mich, ob das nicht grundsätzlich eine Chance wäre für solche wie ihn: Wie wäre es, wenn so mancher schwer beschulbarer Schüler zu einer Außengruppe dieser Schule gehörte? Ein Ort, an dem gerade solche Jungen unterrichtet werden, die lieber praktisch arbeiten und lernen, die lieber vermessen, sägen, schleifen, hämmern und pressen. Solche, die so an dem selbst gefertigten Objekt eigene Erfahrungen machen. Hier sollten die Fächer ganz praktisch an den Projekten orientiert sein und nicht umgekehrt. Hier könnten die Schülerinnen und Schüler durch Pädagogen Anerkennung und Förderung für ihre eigenen, werkorientierten Ziele erfahren, statt fortdauernd in Systeme hereingequetscht zu werden, die ihr Versagen oftmals vorprogrammieren. Und statt in Behördenblasen zu vegetieren, in denen sie nur frustriert jeden Tag das Unterrichtsende abwarten, könnten sie mit Freude an ihre persönliche Arbeit zurückkehren. Anders als auf Klassenarbeiten zu lauern, bei denen sie alles Gelernte nur „auskotzen", um es danach sofort wieder zu vergessen, könnten sie, so stolz wie dieser Junge, ihre Ergebnisse der Gemeinschaft präsentieren. Sie selbst „könnten" dann etwas, anstatt für ein System nicht genug „Leistung" zu zeigen...Denn so harren sie eigentlich nur auf das Ende der Quälerei, um diese Schule eines Tages auf Nimmerwiedersehen zu verlassen. Wäre es nicht möglich, dass viele auf diese Weise eine sinnvollere und befriedigendere Schulzeit erfahren? Eine, die so manchen persönlich stärkt für seine Zukunft? – Das deutsche Bildungswesen sollte endlich aufhören, Schüler in abstrakte Leistungsniveaus zu klassifizieren, die für viele angstbesetzt und demütigend sind. Jenseits eines veralteten hierarchischen Schulsystems, muss es die hervorragende Aufgabe der Schule der Zukunft sein, die individuellen Interessen und Begabungen ihrer Schüler zu entdecken und zu fördern. Dafür muss es viel mehr Lehrer geben, die mit ihnen zusammen auf dieser Grundlage geeignete berufliche Wege finden.Was tun wir also mit denen, die in kommenden Jahrzehnten nicht weniger werden? An dieser Aufgabe möchte ich weiter arbeiten. So habe auch ich am Ende in meiner Arbeit als Lerngruppenleiter zu meinem ursprünglichen Impuls zurückgefunden. Dieser ist die pädagogische Begegnung mit allen meinen Schülern, ob im werteorientierten Unterrichtsgespräch oder in der individuellen Betreuung. Aber die Arbeit mit solchen schwer integrierbaren Jungen bewegt mich in besonderem Maße. Denn auch ich „verweigerte" oftmals die Gefolgschaft, wollte mich nicht einfach anpassen. Ich flog und stürzte wie Ikarus. Ich suchte stattdessen in meinem Leben immer wieder authentisch zu bleiben. Folgte ich auch darin ein Leben lang einem Ideal oder zwang mich einfach mein Anderssein dazu? So oder so, es ist nicht mehr das „heldenhafte" Streben nach „Hohem", das meinen Atem gefangen hält. Die Verbundenheit mit dem, was mich erfüllt und was ich als „Inneren Auftrag" empfinde, ist jetzt an der Schwelle zum Alter mein Weg als Mann.

Gibt es also überhaupt Authentizität? Ist sie nicht vielmehr ein gesellschaftliches Ideal, das ein Leben lang nicht erreichbar ist? Sind wir nicht alle stattdessen immer wieder eingebunden in soziale Erwartungen und Rollen, an denen wir oftmals scheitern?- Ja, scheitern wir nicht oft genug an uns selbst? Schon, indem wir über unsere sogenannte Authentizität reflektieren, brechen wir sie. Sofort befinden wir uns außerhalb ihrer selbst. Denn authentisch sein hieße, ganz Substanz zu sein, ohne etwas nach außen signalisieren oder „scheinen" zu wollen.

Diese unabhängige Präsenz hatte ich in bestimmten Momenten meiner Übung erfahren. Aber sie ist niemals Besitz, auch sie ist zufallende Frucht auf dem Weg. Am Ende ist paradoxerweise die Ich-Werdung uns allen aufgegeben, so fragwürdig sie auch oft sein mag. Denn nur, wer ein „Ich" hat, kann es auch lassen, um wahr zu „sein".

Spirale des Lebens

Mein Vater legt das Gewehr an und wartet. Er sitzt nicht im Schießstand, wie es sich für einen Jäger gehört. Nein. Er liegt hinter einem Erdwall am Waldrand. Wie im Krieg.- 30 Meter. Es sind etwa 30 Meter, die den Lauf seiner Waffe von dem Reh trennen. Noch schaut es beunruhigt auf die Lichtung, bewegt fein die Nüstern, nimmt die Gerüche im Umkreis auf und wartet, ob sich auf der Lichtung nicht doch noch etwas regt. Mein Vater schwitzt. Zwar ist es Herbst. Und die Sonne geht gerade unter, aber er schwitzt. Er atmet schwer. Er kann sich nicht konzentrieren. Kimme und Korn: Die Mündung seines Gewehres zittert. „Klaus", sagt er sich: „Es ist doch nur eine Pirsch." Aber das weiß das Reh nicht. Und plötzlich ist es wie vor einem Feindangriff auf überraschte Gegner. Irgendwie rechnet er damit, dass gleich zum „Angriff" gerufen wird. Doch sein Gewehr hat kein Bajonett. Es ist nur das Jagdgewehr seines Schwiegervaters. Der hat ihn zur Jagd eingeladen. - Kurz nach dem Krieg noch ohne Jagdschein? Ich weiß es nicht. - Der Abschuss ist freigegeben. Der erste Schuss muss sitzen. Möglichst mitten ins „Blatt", damit sich das Tier nicht quält.- Jetzt dreht sich der Bock zur Seite.-Jetzt! Jetzt wirklich! Eine bessere Gelegenheit gibt es nicht!- Aber es geht nicht. Mein Vater kann den Abzug nicht drücken. Sein rechter Zeigefinger ist plötzlich wie eingefroren und

erschrickt. Er hört auf einmal einen kurzen Aufschrei.
Sieht vor sich ein schmerzverzerrtes Gesicht. Mit beiden
Händen hält ein junger Mann sich die braune Uniform an
der Brust und bricht zusammen. Leutnant Lichtenberg hat
ihn mit seiner MP niedergestreckt, als sie beim Rattern
des deutschen Maschinengewehrs auf die Waldlichtung
stürmten: „Angriff!". Da liegt der Rotarmist und weitere.
Eine ganze Lichtung voller Schwerverletzter und Leichen.
Er sieht das Gesicht, nicht mehr das Reh. Das ist schon
längst davon gerannt, als er sich heulend zur Seite wälzt
und das Gewehr von sich wirft.

Die Erinnerung an die vielen Heldengeschichten meines
Vaters, die vermeintlichen, die eingebildeten, die
veränderten, ausgeschmückten, die fragwürdigen und
unwahren, sind für mich heute wie ein Haufen buntes
Spielzeug im „Kinderzimmer" meiner elterlichen
Wohnung. Kriegsspielzeug voll jugendlicher Phantasien.
Und doch ist da diese eine, die so gar nicht zu den anderen
zu passen scheint. Eine, die mir bis heute besonders
nahegeht. Eine, die mir den unnahbaren, strengen Vater
besonders liebenswert macht. Es ist diejenige, in der er
anscheinend so gar nicht zum männlichen Ideal des
Kriegshelden passt.

„Ich konnte nicht abdrücken."

Eine Situation, in der er offenkundig versagte und nicht mehr schießen konnte. Bestimmt kam er in innere Not und verweigerte schließlich die von ihm erwartete „Leistung" als Jäger. Er zeigte mit diesem unschuldigen Naturwesen Mitleid.

Aber, was weiß ich schon von ihm? Hatte er überhaupt kriegerische Ideale? Als nationalsozialistisch erzogener Ritterkreuzträger ist dies anzunehmen. Oder folgte mein Vater auch in Kriegssituationen stets nur dieser verzweifelten Not seines Herzens? Musste er in fast auswegslosen Situationen einfach handeln? Vielleicht wurde er wie ich vom Strom der Ereignisse bloß mitgerissen, bis ihm andere nachträglich das Etikett „Held" aufklebten. Spätestens ich als Kind hatte es getan. Es wird im Nebel des Vergessens bleiben.

Wie auch immer: Auch hier zählt am Ende der Sinn, den ich persönlich darin finde. Für mich ist es der Vater, der inmitten seiner Traumatisierung durch diesen brutalen Krieg zu seiner eigenen Unschuld zurückgefunden hatte. Denn in der keltischen Mythologie ist es die Schutz-patronin „Rhyanna", die in Situationen, in denen wir drohen, uns im Wald des Lebens zu verirren, als Reh erscheint, um den Menschen auf den richtigen Weg zurückzubringen. Sie verwandelt sich in ein freundliches Wesen voller Anmut und Unschuld, in ein Krafttier, das der Liebe zugeordnet wird. So erinnert sie den Jäger an sein eigenes Herz, an die ursprüngliche Reinheit seines eigenen Wesens.

Wenn ich mich also angesichts dieser Imagination frage, was für mich im Leben Bedeutung hat, dann ist es dieser Ort, an dem wir Zugang zu unserer wesenseigenen Stärke finden. Wo wir uns entscheiden, entgegen den Erwartungen der Umwelt dem Ruf des eigenen Herzens zu folgen. Ob Mann oder Frau. Genau dort, wo wir uns nicht „vor uns selbst schuldig machen", indem wir den eigenen Ängsten vor einem schlechten Leumund und vor Veränderung folgen. Die Auswirkung unseres Handelns kann für die Gesellschaft leidvoll und „unmoralisch" sein. Ob wir dafür von außen als treulose Verbrecher geschmäht oder als wahre „Helden" gefeiert werden: Es ist einerlei. Es geht darum, mit den Betroffenen das emphatische Gespräch zu suchen, sie wo möglich weiter zu unterstützen, aber dieser Inneren Stimme im Leben zu folgen. Auch, wenn wir sie immer wieder verlieren.

„Der Mann der Abschiede"

Oberflächlich betrachtet ist mein Leben ein solches voll von schmerzhaften „Brüchen", wie dies für moderne Lebensläufe typisch zu sein scheint. In ihnen zeigt sich das **Theater des Lebens**, das an manchen Stellen sogar eher einer Lachnummer gleicht. Müßig also, darin so etwas wie ein geheimes Entwicklungsgesetz entdecken zu wollen. Doch auch die mythischen Lebensläufe von Helden, wie etwa „Parzival", dem Königssohn, weisen solche „Sprünge" auf: Das Paradies seiner Kindheit ist zugleich auch das Angst-Gefängnis seiner Mutter. Er bricht aus ihm aus, um dem ritterlichen Ideal seines verstorbenen Vaters zu folgen. Doch der junge Mann ist zunächst noch ein „tumber Tor", der seine Leidenschaft und Gier nicht zu zügeln weiß: Er ignoriert, dass seine Mutter bei seinem Abschied tot umfällt. Er zieht einfach in die Welt hinaus. Aber schon bald tötet er einen Ritter von König Artus´ Tafelrunde, dessen rote Rüstung er begehrt. Darauf bedrängt er eine verheiratete Frau wegen ihres goldenen Rings, die deswegen später durch ihren Ehemann in größte Not gerät. Inzwischen erhält er eine ritterliche Ausbildung durch den Ritter „Gurnemanz", gewinnt in abenteuerlichen Kämpfen eine Frau und gerät wie durch Zufall auf die Gralsburg. Parzival bemerkt zwar die Not des Grals-Königs „Amfortas", versäumt aber die alles erlösende Frage nach dessen Leiden zu stellen. Er ist noch so gefangen in seiner ritterlichen Erziehung, dass er unfähig ist, Mitgefühl zu zeigen. Er macht sich erneut schuldig. So einer wird wie ein Eindringling aus der Burg geworfen. (Anhang 3) Sein Weg scheint zum Umweg zu werden. Es bedarf Jahre der Irrung, bis er aus seinen Taten lernt. Der Ritter trifft den spirituellen Lehrer „Trevezunt", einen Einsiedler, der ihm hilft, sein Lebensgesetz zu verstehen und anzunehmen. Erst jetzt führt ihn sein Weg wieder ins Zentrum: Er wird Hüter auf der Gralsburg. Dieser Weg voller „Sprünge" und „Brüche" verfolgt dennoch den eingangs erwähnten typischen Weg des Helden: Berufung, Aufbruch, Abenteuer, Qualen und Abstieg, neues Leben und Erlösung. Wenn wir den „Gral" als mythisches Bild für die „eigene Mitte" sehen, dann war Parzival von der Höhe seiner ritterlichen Ideale zu sich selbst zurückgekehrt.

Klaus-Werner Stangier vergleicht in seinem Buch „Schritte ins Freie" A8) den typischen Weg des Helden mit der Gestalt einer Spirale. Vor dem Hintergrund der „Initiatischen Therapie" macht er sich Gedanken über den spiralförmigen Lebensweg des Menschen von außen nach innen und wieder heraus in die Welt. Die Spirale ist die Urform des Lebens. Für mich persönlich macht es Sinn, diese Gestalt für den eigenen Lebenslauf zu prüfen. Merkwürdigerweise erkenne ich in ihm etwas von diesen typischen Kennzeichen wieder. Ich würde jedoch Stufen zusammenfassen wollen, die bei Stangier getrennt sind. Wie bei Parzival erscheinen auch bei mir Abwege. Hier sind die von ihm erwähnten größeren Sprünge. Sie sind manchmal noch nötige Umwege im Leben, weil vielleicht manches eben doch noch der Klärung bedarf. Ich möchte sie der Einfachheit halber mit meinen Kapitelüberschriften verbinden:

Für Stangier beginnt es mit dem „Aufbruch aus der alten Situation, geweckt durch einen Traum, eine innere Notwendigkeit, eine Begegnung"

(Das Ritterkreuz, Mein Vater der Held, Der Kriegsdienstverweigerer, In der Welt der Väter).

Es folgt für ihn der „aktive Moment, handeln, sich auf den Weg machen, Abenteuer bestehen, kämpfen, das Leben ergreifen"

(Wir brauchen Idealisten, Der erste Ritter, Der Priester, Der erste Lehrer)

Schließlich geraten wir in „Konflikt, in Zweifel und Verwirrung, das Leben erleiden.

(Die Göttliche, Das Gericht)

Wir bringen „Opfer" (Beim Autor getrennt) und geraten in „Einsamkeit und Wüste". Hier halten wir inne, sind „all-ein", denken nach und gewinnen „Einsicht".

(Im Abgrund, Du bist zu idealistisch)

Schließlich ist das Zentrum erreicht, aus dem heraus das Außen wieder angesteuert wird: „Sich re-formieren, wiedergeboren werden, ankommen, in einem neuen Bewusstsein leben und tätig sein."

(Die Geburt des „Helden", Der Verrat als „Sprung",
Ankommen im Tal)

Mein eigener Weg bestand darin, im Außen die eigenen
Ideale verwirklichen zu wollen. Im schuldhaften
Scheitern musste ich erst wieder ganz nach innen gehen,
um zu mir zu kommen. Aus der Erfahrung wesenseigener
Stärke schließlich konnte ich neu in die Welt
zurückkehren. Wie Parzival muss ich zunächst der Enge
und Angstwelt meiner Mutter entfliehen, um wie mein
Vater in der Welt ein „Held" zu sein. Die Begegnung mit
einem katholischen Priester, der mir zum Freund und
Mentor wird, ermöglicht mir das positive Gegenbild eines
spirituellen Helden. Aus ihm heraus kann ich nun als
Kriegsdienstverweigerer der soldatischen Welt meines
Vaters kritisch begegnen. Mein erträumtes Ideal wird ab
da zu einem religiösen als Priester, sodann zu einem
pädagogischen als Klassenlehrer. Ich lerne und arbeite in
Institutionen, die diesen Idealen entsprechen sollen, die
aber im Zusammenleben Schatten heraufbeschwören. Am
Ende sind es auch die eigenen Schatten, die zum
Zusammenbruch meiner Privatwelt führen. Im Abgrund
von Trennung und Einsamkeit, in der Konfrontation mit
„Schuld" und „Versagen" erkenne ich meinen Irrtum. Wie
in einer Neugeburt folge ich nun meiner inneren
Bestimmung. Aber ich gerate noch einmal auf Abwege.
Dennoch bleibt die Begegnung mit meiner spirituellen
Lehrerin eine entscheidende Hilfe: Die Berührung mit

dem Numinosen wird zur Erfahrung „innerer Stärke". Diese Qualität der „Essenz" öffnet mir letztlich den Weg zurück zu mir selbst als Mann.

Alles nur ein nachträgliches Konzept, um dem eigenen Leben Sinn zu verleihen? Gäbe es nicht auch noch andere? Hatte ich nicht bei meiner Lehrerin erfahren, wie wichtig es ist, solche Konzepte fallen zu lassen, immer wieder ins „Nicht-Wissen" einzutauchen, um die ganze Kraft des Augenblicks zu spüren? Ich glaube nicht, dass es sich hierbei nur um ein nachträgliches „Konzept" handelt. Ich bin ganz im Gegenteil mit A.H. Almaas A7) der Ansicht, dass die Übung der Präsenz dazu führt, das Leben nicht mehr als eine „zufällige" Abfolge von zusammenhanglosen Ereignissen zu begreifen. Aus der Perspektive des Gewahrseins heraus erfahren wir das Leben vielmehr in seinem „Sinngehalt". Das Gewahrsein im Augenblick ist letzter Sinn. Und der Weg der meditativen Übung führt dahin, Sinn als etwas Immanentes im Augenblick selbst zu erfahren, in dem wir selbst SINN sind. Doch führt für mich der Weg dahin über die Vergegenwärtigung des „Sinnfadens" in der eigenen „Lebenslinie". Auch meine Lehrerin sagte einst zu mir: „Du kannst ja mal schauen, was gerade das Thema ist." Schreibend die „Themen" des eigenen Lebens zu enthüllen, ist für mich daher zuletzt eine Form dankbarer Vergegenwärtigung. Denn manchmal gilt es zuerst, innere „Steine" fortzuräumen, die den Weg zur „Präsenz" blockieren. Steine sind für mich Ideale, die wir nicht hinterfragen. Sie und die mit ihnen oft verbundenen Schuldgefühle sind die unsichtbare Last, die wir ein Leben lang mitschleppen. Hatte nicht auch meine Generation noch die verdrängte Schuld unserer Väter und Großväter tragen müssen? Denn der zerstörerische Schattenwurf ihrer Ideale hatte einst unermessliches Leiden und Tod über Europa und die Welt gebracht. Er wirkt auch im Populismus bis in unsere Zeit weiter und demonstriert für mich anschaulich, wie weit sich die Identifikation mit Idealen inzwischen von menschlichen Werten wegbewegt hatte. Aus ihnen wurden unmenschliche Ideologien, die den „neuen Menschen" predigten und diejenigen vernichteten, die diesem Bild anscheinend nicht entsprachen. Dennoch ist auch unser Zusammenleben heute in der Demokratie von Werten geprägt, die ihren Ursprung nicht nur in der christlichen Religion haben. Sie finden sich auch im 18.Jahrhundert wieder. Aus den Ideen der „Philosophie des Idealismus" und der „Aufklärung" entwickelten sich die Ideale der französischen Revolution von 1789 „Freiheit, Gleichheit, Brüderlichkeit". Sie haben als „Grundrechte" in unserer Verfassung ihren Niederschlag gefunden. Sie sind ein wesentlicher Bestandteil unserer Kultur: Von Kant und Friedrich Schiller bis zur deutschen Frauenbewegung. Als junge Menschen hatten auch wir deswegen unsere politischen Ideale sehr hoch gehängt. Etwa in der

„Friedensbewegung" (Frieden schaffen ohne Waffen.) und der „Anti-Atomkraft-Bewegung". Ihre Spur zog sich wie ein Fanal durch unser Leben. Erschrocken stellte unsere Generation fest, wie wenig junge Menschen heute noch Ideale haben. Materielle Wünsche schienen sie verdrängt zu haben: Verständlich zwar, aber unheilvoll. Haben wir jedoch den Idealismus heutiger Generationen einfach nur verkannt? Auf einmal müssen wir Älteren unser Bild verändern. Denn im Kampf der Schulkinder gegen den Klimawandel zeigt er wieder sein tapferes und hoffnungsfrohes Gesicht. Doch die jugendliche Begeisterung ist genauso von Sorge getrübt. Wie auch unsere Ideale einst im Aufbegehren gegen eine verstrahlte Zukunft aus der Angst geboren waren, so spielt in der gegenwärtigen weltweiten Bewegung gegen den Klimawandel die Angst vor einer Zukunft voll globaler Katastrophen eine nicht unerhebliche Rolle.

Lehrer sollen helfen, Schüler auf reale Werte hinzuweisen, sich für menschliche Ideale einzusetzen. Doch was im Leben der Gesellschaft und der Organisation des Staates seine Berechtigung haben mag, das sollte nicht einfach auf Einzelmenschen übertragen werden. Denn je glühender unser Idealismus wird, je mehr wir uns mit unseren persönlichen Idealen identifizieren, desto mehr können sie uns den Weg zur eigenen Mitte versperren. Mit ihnen wächst unser Leiden sowie das anderer Menschen, weil wir so nur noch scheitern können. Das hatte ich nur zu deutlich erfahren. Natürlich, unsere Ideale glühen im privaten und beruflichen Bereich trotzdem noch unterirdisch weiter. Wohl kaum einer von uns hat sie nicht. Und es ist ein Akt des „Mitgefühls" mit sich, dies bei sich zu registrieren und als Tatsache anzuerkennnen. Aber Ideale erscheinen mir am Ende nicht nötig, wenn wir lernen, als Menschen aus dem Augenblick heraus zu handeln. Wenn wir einfach das tun, was die Situation erfordert, ohne uns an diese emotional zu verlieren. Das gelingt mal mehr, mal weniger. Es bedarf der Übung auf dem Weg, so wie alles letztlich Weg bleibt.

Epilog

Da ist das Standbild eines jungen Mannes, etwa fünf Meter hoch und aus Blei. Es steht auf dem fernen Hügel meiner Kindheit. In seinem Rücken scheint die Sonne. Der Mann hat eine alte Uniform an, Kopfhörer um den Hals und trägt Stiefel. In der Linken hält er ein kleines Fernglas, in der Rechten eine MP. Er schaut über meine Wege und sein Schatten geht sehr weit. Er ist so lang wie meine Kindheit und legt sich über viele Jahre meines jungen Lebens. Erst mit über 50 Jahren trete ich aus dieser Dunkelheit heraus und atme tief durch. Jetzt erkenne ich: Es war der Schatten meines Vaters, der ein Held war. Die Luft fühlt sich endlich so frisch an und das Leben so kraftvoll. Wieviel menschlicher ist es, Mitgefühl zu empfinden, als die Diktatur von Idealen, die sich so schnell in Ideologien verwandeln können.

Ich bin überzeugt, nach unserem Tode werden wir alle einmal auf unser Leben wie auf einem großen bunten Mosaikteppich 9) zurückblicken. Und wir werden voller Mitgefühl sein für uns und unser Leben, das zu bestehen, schon „heldenhaft" genug war. Spätestens dann, wenn alle Masken abgelegt sind, dürfen wir erkennen: Letztlich ging es immer nur darum, „Mensch" zu sein. In der Tiefe und in der Weite dieses Wortes.

Alter Stein

Hieratischer Block

dunkler Stein,

Grabstehle der Väter.

Dein Fels war der Grad,

an dem sich mein Atem

spannte. Du warfst

einen jahrelangen,

stummen Schatten.

Ich wollt mich messen,

wägen den Granit,

zu sehen, welche Größe

du hast, welches Gewicht

auf meinem jungen Herzen.

Doch unerreichbar weit

standst du auf Feldern

voller Blut.

Und jede Behauptung

dir zu gleichen, erzeugte nur

Gelächter unter den Geistern.

Ach, du ferner, alter Stein.

Du ragst allein als Held.

An dir flüstern nachts

noch dieselben Geschichten.

Niemand hatte dich

zum Kreis gestellt,

zu betten in dir die Sonne

und das Himmelszelt.

Leis geht nun der Wind.

Stille füllt die Wälder.

Ich bin ein Baum darin.

Weit sind die Felder.

Im Ofen

Vier Tage und vier Nächte. Das ächzende Knistern, die Perlen auf der Stirn. Immer wieder dieser Schwall unerträglicher Hitze.

Die Flammen prasseln und schlagen im Sog der Luft, wenn die glühende Tür geöffnet wird.Nicht zu nah! Verbrenn dich nicht. Doch schau:„Das Leben klopft dich weich." Es wirft das Scheit, es feuert den Ofen, es brennt den Ton, die Form unserer Seele und ihre Glasur.

Nicht groß ist seine Gestalt und staubig die verhornten Hände. Der blaue Kittel hat weiße Flecken. Aber im Blick ist der Wurf in die zischende Schöpfung der Form, ist zugleich das Warten vor der Öffnung des nächtlichen Brandes.- Da weiß jemand um den stillen Flug der Asche ins Verborgene, um das lange Werden der Farbe, als wenn es eine geheime Neigung des eigenen Schicksals wär. Daraufhin hätte ihn noch nie jemand angesprochen, dass er ein „Sehender" wäre. Und es beginnen unsere Gespräche über Jahre: „Vier Tage und vier Nächte" in den dunklen Stunden meines Lebens. Als alles zusammenbricht, steht ein Mentor bereit. Als sei er ein alter Freund. Ich rufe ihn an, frage und frage inmitten der Glut.

„Das kann eine ganze Weile gehen."

„Nimm auch die schlechten Zeiten in deinem Leben hin."

„Manchmal geht es einen Schritt vor und zwei wieder zurück."

Und er hört das Rauschen des Ofens bei der Arbeit.

„Es kann sein, dass diese Zeit dir zu etwas ganz anderem dient…."

Verzweifelte Wut steigt in mir auf. Ich klopfe mit dem Stock gegen den Stein, ohne dass aus ihm „Wasser entspringt."Doch sagt er nur: „Du kannst nicht erwarten, dass der Baum schon fertig dasteht."

Nicht dass nicht auch diesen Freund so mancher Dämon plagt, dass den Geduldigen nicht auch zuweilen das Gefühl bedrückt, noch „zwei" zu sein. Es kommt vor, dass er wertet und daher irrt. Ja, vielleicht nimmt er mir auch an mancher Stelle den freien Entschluss, ohne es zu wollen. Aber was sollte selbst der liebe Gott auf die vielen Fragen schon sagen? : „Vier Tage und vier Nächte." „Man kann die Dinge nun mal nicht erzwingen." Und wieder dieses ächzende Knistern: „Manchmal sollte man seine

Wünsche auch loslassen können." „Angst ist in der Regel ein schlechter Ratgeber."

Dann wirft er wieder das Scheit:

„Dann würde ich eben einen anderen Weg gehen."

Ach, ja, „Vier Tage und vier Nächte."

So oft darf ich schöpfen aus dem klaren Gebirgsbach seiner Worte, so oft schmecken ihre lebendigen Bilder. Am Ende aber ist da Parzival. Was hatte sein ritterlicher Lehrer „Gurnemanz" ihm doch geraten? : „Ihr sollt nicht viel fragen."

Vier Tage und vier Nächte.

Es geht darum, selbst die Antwort zu sein.

Ohne Speer

Zwanzig Jahre später.

In der Schulfabrik.

Massenabfertigung für Noten.

Möglichst gute Noten, obwohl man eigentlich nicht richtig weiß, wofür,

ob sie wirklich helfen, ob sie am Ende sehr viel mehr sind als blasse Ziffern in einem Glücksspiel, in dem jeder Sieger bleiben will:

Abi-Schnitt, Ausbildung, Arbeitsplatz. Jemand sein und viel Geld verdienen. Vielleicht ein Häuschen bauen, ein schnelles Auto fahren, ab und zu in den Urlaub gehen, möglichst weit weg.

Dieses Zeugnis ist am Ende so stumm, wie die herumgebrachte Lebenszeit. Es weiß nichts über all die eigenen Farben, über das, was sich noch entfalten mag. Es ist nur ein bald vergessener Fetzen Hoffnung auf irgendein Morgen, kein Versprechen glücklich zu sein.

Es läutet. Ich stehe an der Tafel und meine Stimme erhebt sich vor tausend müden Augen. Sie schwingt sich auf zur „Wichtigkeit dieser Stunde". Aber es ist wie im Zoo. Ganze Herden von „Faultieren" blicken mich an. Wären da nicht diejenigen, für die mein Kommen ein willkommener Auftritt ist. Sie wissen, dass ich das Spiel mitspielen werde, haben bereits zwei Kartenständer neben das Pult gestellt, damit ich dort „wieder turnen kann".

Es gibt auch Jungen, besonders Schülerinnen, die lernen wollen. Aber diese Machos hier hören eigentlich ungern zu, sind wenig beeindruckt von meinen klugen Worten. Solches Wissen interessiert sie nicht. Eher schon, wenn ich von meiner Vergangenheit berichte.

„Erzählen sie heute wieder aus ihrem Leben?" Wir haben das „Pensum" nicht ganz erfüllt. Aber ich habe es versprochen, zehn Minuten vor Schluss zu beginnen.

Auch wenn meine Schritte um die Tafel manchmal eher den Kreisen eines Müden gleichen, ich suche das Gespräch. Heute erzähle ich ihnen von meiner Zeit bei der Bundeswehr. Nächstes Mal vielleicht von meinem Auszug als junger Mann und meinem Job bei der Brauerei. Am liebsten würde ich sie fragen: "Kennt ihr die Geschichte von Parzival? Es ist so schwer, sich selbst zu finden." Das aber wäre uncool und lächerlich, und sie hielten mich für einen Affen. Irgendetwas in ihnen schaut lieber wie im Spiegel auf meine Haltung, wägt den Ton meiner Stimme und fühlt die Geste meiner Sprache, als sei sie ein Speerwurf im Raum. Sie schmecken die Frustration genauso wie meine Begeisterung, meinen Zorn und manchmal meinen souveränen Humor. Aber wenn meine Energie sie entzündet, bebt auch in ihnen ihre Kraft.- Groß ist es für viele, vor der Klasse gelobt zu werden, noch größer für die

Helden, wenn ich ihnen auf die Schulter klopfe, anerkennend, wie dies ein Vater tut: "Du fährst Abfahrts-Ski? Alle Achtung!" Aber auf den Brettern fährt er nicht zur Schule, die Spiele auf dem Handy dagegen füllen die Pausen. "Sind sie nächstes Jahr auch noch unser Lehrer?" Immer wieder findet sich solch eine „Fan-base" Eine Klasse von Berufsschülern hat mir einmal zum Abschied eine Holzkette und eine Zigarre geschenkt: Hoheitszeichen für den „coolen Lehrer".- Doch, wenn sie wüssten: Ich bin wie viele Kollegen immer öfter gereizt und genervt, stehe unter Druck, laufe Klassenarbeiten, Nachschreibern und Noten hinterher, als wären sie ein endloser Rattenschwanz, bin notwendig ungerecht (für meine Opfer und deren Eltern der tyrannische Feind), wandere auf einem schmalen Grad und muss wie viele gegen den Schlaf der Bürokratie kämpfen. Irgendwann hat das System gewonnen und macht mich doch noch selbst zum Bürokraten: Hauptsache in Frieden Punkte addieren, Noten rechnen, Erbsen zählen. Aber noch sehe ich, dass sie hungrig sind. „Wann gehen wir jetzt endlich miteinander ein Bier trinken?" Jetzt muss ich Farbe bekennen. Mit Schülern Bier trinken gehen, ist verboten. Also gehen wir Döner essen. Denn eigentlich wollen sie etwas übers Leben lernen, wollen wissen, wie es ist, sich als Mann durchzuschlagen.

Ich denke an Wolframs Wort im „Parzival": „..den Löwen bringt die Mutter tot zur Welt, von seines Vaters Gebrüll erst wird er lebendig."

Das haben Generationen von engagierten Müttern, Kindergärtnerinnen und Lehrerinnen ihnen nicht geben können, was sie immer dringender bräuchten: Ein männliches Vorbild, weil der eigene Vater fehlt, keine Zeit hat, getrennt lebt oder gestorben ist. Ich erinnere mich: Als Internatslehrer saßen mir wiederholt heulende Jungs gegenüber: "Sag ihm noch, was schön war, was schwer und dass du ihn liebst."-Zuviel für einen Vierzehnjährigen, der es einfach nicht fassen kann, dass sein Vater schon stirbt.

Söhne abwesender Väter, Parzival.

Wo war dein Vater? Im fernen Wüsten Sand? Gefallen in fremden Diensten, in einem entfernten Land. König Gahmurets Sohn: Dein Vater ist noch nicht einmal aufgebahrt. Anwesend ist nur der Schmerz der Mutter. Ängstliche Tränen begleiten dich deine Kindheit lang. Zu schwer für einen, der auch ein Held sein will.- Wer wirft nun den Speer mit dir? Verwundet warst du von Anfang an.

„Wenn du dich weiter so aufführst, wirst du noch einmal für drei Tage suspendiert." Jens hängt müde über seinem Tisch, steht plötzlich mit rotem Kopf auf und steht wie abwesend im Raum. Ihm sei nicht wohl, ob er jetzt „nach Hause" könne oder er geht einfach für lange Zeit „auf die Toilette". Bei der Klassenarbeit erinnert sein Konzeptpapier eher an ein gebrauchtes Taschentuch, aber was er schreibt, ist sehr viel weiter gedacht, als was viele schreiben. Denn eigentlich ist auch er ein Königssohn…

Bei der älteren Kollegin ist er frech. Als ihm von ihr die Suspendierung angedroht wird, schiebt er seine Krone

zurecht und antwortet nur: "Dann geh ich ins Bordell."-
Im Klassenbuch steht: „Jens sagt dreimal, dass er ins
Bordell geht." Ich sage: „Na, Jens, und wie war´s?" -Jens
lacht, die Klasse lacht und alles ist gut.

Doch nicht für die Kollegin. Die kennt „diese Jungs".
Einer schreibt ihr auf Kroatisch unter die Arbeit:

„Gott gebe, dass dein Haus abgebrannt werden möge."

Er steht kurz vor dem Rauswurf. Und sie ist ausgebrannt.
„Frau Hemming hat meine Nationalität verletzt." Ich rate
ihm, ihr zu sagen, was ihn gekränkt hat, aber sich trotzdem
für diese Drohung zu entschuldigen. Er versucht es
vergeblich, denn das wird von so einem nicht
angenommen. Stattdessen gibt es eine Aktennotiz. Die
Jungen schauen mich an. Ach, könnte ich ihnen sagen:

„Nur, wenn man gegen den Strom schwimmt, kommt man
zur Quelle.

Also packt eure Sachen.

Wir gehen Kanu fahren, stromaufwärts,

eine ganze Strecke,

bis es dunkel wird.

Dann machen wir Feuer.

Wir werden im Aschenkreis sitzen

und schweigen,

unsere Hände reiben,

und frieren, vielleicht

auch traurig sein,

weil das Leben hart ist.

Am nächsten Morgen aber werden wir

Äste schnitzen und

unsere Speere werfen.

Wir werden feiern und jubeln,

den Pfad zum Hang suchen

und auf die Höhe klettern,

bis wir den Sonnenaufgang sehen.

Oben werden wir erschöpft ankommen,

den Wind hören,

sowie das Plätschern der Quelle.

Und wir werden die Kraft und Majestät der Berge spüren

Denn, was reift, braucht Zeit

und macht so wenig Lärm.

Dann teilen wir unsere Brote,

trinken aus unseren Thermosflaschen

kühles Wasser und heißen Kaffee

und lachen plötzlich

über unsere grauen Gesichter,

weil das Leben auch schön ist."

Aber die Stunde läutet und

ich verlasse die Klasse.

Vielleicht fragen sie ein nächstes Mal.

Anhang 3

Parzivals Traum

Dunkel und kalt war das Schlafgemach, in dem Parzival erwachte, mitten in der Nacht. Das Feuer im Kamin war erloschen und der Raum war auf einmal leer. Der Leuchter auf dem Boden, der Hocker, Stuhl und Tisch waren wohl entfernt worden, als er schon eingeschlafen war.

Ja, selbst der große Wandteppich, mit dem Bild von der prachtvollen Ankunft eines jungen Königs auf einer Burg, hing nicht mehr an seinem Platz.

Hatte man ihm nicht beim Empfang einen roten Scharlach umgelegt?- Wo war auch er geblieben?

Jetzt war daneben an einem Eisen seine schmutzige und zerrissene Kleidung aufgehängt. Vor dem Bett lagen sein Harnisch und das Schwert, das er vom alten König geschenkt bekommen hatte. Es roch noch nach Ruß und Wachs und seine Schultern schmerzten vom Frost der frühen Stunde. Als er die wollene Decke hochzog und sich umdrehen wollte, entdeckte er, dass auch alle Eingänge verriegelt worden waren.- Ach, hinter den vier großen Flügeltüren hatten ihm gestern noch Jungfrauen und Knechte aufgewartet, ihn reich bedient, in vollkommener höfischer Zier.- Sicher, diese abendliche Feier in einem Saal, groß genug, um sehr viele Ritter zu fassen, war in all ihrem mysteriösen Glanz auch ein seltsames Jammern und Klagen gewesen. In ihrer Mitte hatte sein Gastgeber, der versehrte Burgherr zwischen vier mächtigen Säulen an einem großen Feuer gesessen, unruhig, wie einer, der Schmerzen hat. Gegenüber lag im Nebenraum ein alter Mann und ein Knabe trug an ihnen beiden eine weiße Lanze vorbei, aus deren Spitze Blut und die Trauer des Hofes quoll. Und wem diente diese hell strahlende Schale, die mit jedem Gang des Gerichtes von einer wunderschönen Jungfrau gebracht und vor ihren Blicken wieder verschwunden war? Aber nun war niemand mehr bei ihm. Nicht eine Stimme drang an sein Ohr. Nur ein Stern blinkte durch die Öffnung in der Mauer herein. Sein fernes Licht verschwamm in Parzivals Augen. Denn diese waren müde und so schwer seine Glieder noch waren von unendlich schwerem Schlaf, so bald fielen auch seine Lider in noch dunklere Tiefen des Traums....Da war es dem Helden auf einmal, als hätte er sich getäuscht: Der Stern am Himmel befand sich in Wahrheit in der Mitte seiner Kemenate. Er selber war es, der ihn in seinen Händen hielt. Doch schien ihm, als trüge er ein leuchtend großes und unendlich schweres Stück Blei, ja, als müsse er dieses Blei auch für andere noch über eine lange, lange Wegstrecke tragen. Und eisig war dieser Brocken. Seine Kälte fraß in seinen Adern. Es fühlte sich an, als würde der Stein beginnen, besonders seine Füße zu hindern, sodass er gar nicht mit ihm hätte gehen können. Da war eine Angst, wie vor einer geheimen Bürde, die ihn lähmte. Dann wieder bemerkte er, dass der Stern ein Hüter war, dass er Saturn hieß und über seinen Traum wachte, ja, dass er aus einer runden Öffnung strahlte. Der strahlende Stein war zugleich die goldene Schale, die am Abend vorher bei jenem seltsamen Fest vor ihm hergetragen worden war. Parzival erkannte, dass dies jenes „wunderbare Ding" gewesen war, von dem ihm schon seine Mutter erzählt hatte: Saturn war der Gral. Er selbst hielt den funkelnden Gral in den Händen. Man kann nicht sagen, dass er deswegen glücklich gewesen wäre, denn bei ihm strahlte die Schale nicht hell wie die Sonne, sondern dunkel. Unheimlich wuchs ein rötliches Licht aus ihrer Mitte und der Träumende schwitze dabei und wälzte sich unruhig im Schlaf. Wie Flammen tauchten sodann aus dem Kelch die Bilder der Vergangenheit auf, wie ein heißer Schmerz, der ihn erfasste. Zugleich waren es auch lebendige Gemälde, die die Kraft hatten, ihn in sich hinein zu ziehen. Noch einmal befand er sich am anderen Ende der Brücke und sah hinter sich einen grauen Schatten auf der Erde ausgestreckt, seine Mutter, wie tot zusammengesunken, weil ihr Junge sie gerade verlassen hatte. Dann erblickte er den roten Ritter, der von seinem Gabilot-Wurf getroffen, tot vom Pferde stürzte, sah das Blut aus dem Augenschlitz seines Helmes spritzen. Wieder kniete er über ihm, zog ihm die Rüstung aus, sich selber an und ritt mit dessen Pferd davon. Er schaute sodann nochmals das edle Fräulein an, wie sie vor ihm im Zelte schlief, nahm ein weiteres Mal ihren Ring, sah sie nun von ihrem zurückgekehrten Mann der Untreue bezichtigt und verstoßen, ja, er nahm schließlich in einem neuen Bild, im Feuer der Schale, den gestrigen Abend wahr, empfand die Schmerzen des alten Mannes, als wenn es seine eigenen wären und die große Trauer seines ganzen Hofes, da er nicht erlöst wurde von seinem Leiden. Doch war es ihm auf einmal, als könnte er diesen Bildern nicht mehr entfliehen, als hielte ihn der Kelch in ihnen gefangen, als müsste er in ihnen selbst verbrennen. Da rief ihn jäh ein lautes Krächzen: „Parzival, Gahmurets Sohn, Erbarmungsloser! Du hast ihm nicht die Frage gestellt, wolltest nicht wissen, wem der Gral dient! Hast du nicht gemerkt, dass er der prächtig gekleidete Fischer war, den du zuvor am See getroffen hattest? Er war verwundet. Sahst du nicht, dass er nur darauf wartete, von dir zu hören, was dein Herz dir sagt, dass du erkundest, warum er leide? Wolltest wie dein Vater ein großer Ritter sein, doch Torheit und Schuld säumt deinen Weg von Anfang an!" Parzival stöhnte in seinem Bette auf, denn in diesem Moment hatte in seinem Traum ein hässliches Weib die Tür zu seiner Kammer aufgestoßen, so als öffne sie diese für alle Welt. Schnaubend und grimmig, wie ein schweine-borstiger, scharfer Hund, rannte sie auf ihn zu und bäumte sich vor ihm auf, dass er einen kurzen Moment ihre schwarzen, langen geflochtenen Haare erkennen konnte, ihre dunkle Schlitznase und ihre langen Eckzähne. Sofort fiel sie ihn mit ihren Krallen an, krümmte sich flugs und biss ihn ins Bein, um ihm den Gral zu entreißen. Er schrie auf. Zwar war er verletzt, doch wollte er noch sein Schwert ziehen und ihre giftige Zunge durchtrennen. Da bemerkte er, dass er keines mehr an seiner Seite trug. Schon packte sie das rötliche Gefäß. Der Überraschte war nicht schnell genug und mit bloßen Händen war die Hexe nicht zu bezwingen. Er brüllte noch ihren Namen, so laut, wie ein Jäger ins Horn stößt, stürzte hinter ihr her, blieb jedoch am Riegel der geöffneten Türe mit dem Ärmel hängen und fiel der Länge nach rückwärts zur Erde. Dort lag er nun wie ein umgedrehter Käfer im Mai. Kundrie aber flüchtete mit dem Kelch, so geschwind wie der Wind in das Weiße des Lichts. Da erwachte der Verlassene durchnässt vom Schlaf. Eine Elster meckerte vor dem Burgfenster, als hätte sie ihn die ganze Zeit wecken wollen. Ein schneebedeckter Zweig grüßte ihn im Licht. Sonst schien alles unverändert. Er rief noch einmal nach den Dienern, aber keiner kam und antwortete ihm. Als er sich mühsam aufrichtete, so als wöge seine Seele noch schwer wie Blei, schmerzte die Wunde an seinem Bein und er wusste nicht, was geschehen war. Hatte er nur geträumt? Auch seine aventuere war ihm rätselhaft: Allein der Ritt durch den Wald, die Begegnung mit dem Fischer am See, der Abend desselben Mannes, der nun ein König war auf der Festung am Berg, schienen ihm ebenso unwirklich wie wahr. Er rieb sich die Augen mit ihren Falten des Vergangenen. Doch blieb in ihnen eine Spur einer unbekannten Scham erhalten. Da stand Parzival auf und zog seine Kleidung an. Er legte seinen Harnisch über, nahm vom Boden sein Schwert und befestigte es am Gurt. Von der Kammer führte seitlich hinter dem Bett eine gewundene, dunkle Treppe auf den Burghof. Hier suchte er sein Pferd im Stall und verließ mit ihm die menschenleere Burg durch das offene Tor. Unbemerkt folgte ihm ein kleiner grüner Schatten, der sich über die Brücke schlängelte. Noch grüßte den Reiter der Mond. Aber wie von Geisterhand wurde die Zugbrücke sofort hinter ihm hochgezogen, sodass er beinahe ein zweites Mal, nämlich nun vom Pferd geflogen wäre.

Vater-Wunde

Dunkles Grollen

über dem Berg

Ferner Wind.

In der Bucht

liegt geschlagen

ein altes Boot.

Zerrissen hängt

die bleiche Fahne.

Davor steht

im Sand

geschrieben:

„Fischer,

was war

dein Schmerz

im Leben?

Anhang 5

<h2 style="text-align:center">Brief an meinen Sohn</h2>

Auszug

..."Du kennst sicherlich den Ausspruch: **In der Ruhe liegt die Kraft**- Ich finde diesen Ausspruch sehr treffend. Denn wirklich „männliches" Verhalten.... Ist eine „Haltung": Es ist ein möglichst ruhiges, überlegtes und sachliches Antworten eines *friedvollen Kriegers* gerade auf persönlich beleidigende Angriffe. Man beachtet wie gesagt wie beim Boxkampf Regeln der Fairness im Umgang mit anderen. Man kritisiert möglichst das Verhalten, aber nie die Person. Der Gegner hat im Gegenteil immer „Achtung" verdient. Wenn einem solch ein Verhalten einmal gelingt, dann äußert sich für mich darin Kraft und erwachsene Reife und wahre, nämlich „innere" Souveränität. Diese Überlegenheit lehnt es deswegen ab, sich auf solch eine unkontrollierte emotionale Ebene zu begeben. Wahre „Männlichkeit" ist für mich deswegen nicht eine Frage der Statur, also von Muskeln, Knochenbau und Körpergröße, von Stimme und schon gar nicht von ober-coolem, aggressivem und rücksichtslosem Auftreten, sondern eine **„Innere Kraft"**...

Machos.... dagegen haben ein großes Ego. Sie wollen herrschen und beherrschen: Ihre Frauen, Kumpels, Fans. Sie genießen die Bewunderung anderer für ihre scheinbare

„Männlichkeit", die sie gleichsetzen mit körperlicher Kraft, coolen Sprüchen, Schlägereien, Alkoholkonsum und Statussymbolen. Sie sind Frauenverächter, verbrauchen Geliebte, fahren teure, schnelle, schwarze Autos und tragen goldenen Männer-Schmuck etc. Sie treten hart, aggressiv und rücksichtslos sowie überheblich auf und verhalten sich auch anderen Menschen gegenüber häufig verächtlich und ignorant...„Männer" mit machohaftem Auftreten gelten in der Psychologie aber häufig als Menschen, die ein Problem haben. Sie meinen ihre Komplexe durch solch ein Verhalten überspielen zu können. Ich denke, es gibt kaum einen Mann, der nicht auch körperlich oder psychisch irgendetwas an sich finden kann, was nicht dem eigenen Ideal von „Männlichkeit" entspricht. Bei Frauen ist es meiner Erfahrung in punkto Weiblichkeit mindestens genauso verbreitet. Machos aber glauben sich durch ihr scheinbar „überlegenes" Auftreten von anderen, die sich von solch einem Verhalten beeindrucken lassen, Anerkennung zu verschaffen. In Wahrheit sind sie unsicher und haben zumeist Probleme mit ihrem Leben...

„Männlichkeit" ist also keine Frage von *Härte* oder *Weichheit* des Charakters, sondern eine der Haltung. Es ist für mich als Mann der Weg der Übung, mit meiner Inneren Kraft und Präsenz verbunden bleiben.

Präsenz ist zunächst deine Aufmerksamkeit im Alltag, dein Sein und Handeln darin. Es meint dein leibliches Bewusstsein. Das ist mehr, als nur mit deinem Körper zu agieren. Es ist die Wahrnehmung von dir selbst im Raum, d.h. wie du darin anwesend bist und von dem, was dir in ihm begegnet, wie du darin aktiv bist oder ruhst, wie du gehst, stehst, sitzt, wie du Auto fährst... Das kannst du immer weiter vertiefen. Schau, dass du wach bleibst, für die Räume in und um dich herum. Handele, indem du möglichst dabei mit dir verbunden bleibst. Kehre zu dieser Übung immer wieder zurück.

Was ich mit echter Männlichkeit genauso in Verbindung bringe, ist **Unabhängigkeit** im Denken und Handeln, ist immer mal wieder die Frage an mich selbst als Mann, wie „abhängig" ich mich gerade von irgendwem oder irgendetwas mache: beruflich, finanziell, beziehungsmäßig, gegenüber dem, was mir eigentlich wichtig ist. Genau da fängt „Mann-sein" für mich an, dass man das einmal bei sich ganz selbstkritisch anschauen will und sich bereit zeigt, dafür Verantwortung zu übernehmen. ….„Mann-sein" …heißt für mich nicht zuletzt die Bereitschaft, wie ein Erwachsener **Verantwortung** für sich selbst zu tragen, in Ausbildung, Beruf, Finanzen, Gesundheit und, und, und. Aber auch für andere, für Schüler, den Betrieb, für die Partnerin, für eine eigene Familie.

Das ist alles sicherlich trotzdem andererseits auch ein **Ideal**. Und ich kenne keinen Mann, der sich in allen Dingen seines Lebens permanent „männlich" verhält. Wir alle füllen unsere Männlichkeit nicht immer aus. Je nach

Lebenslage sogar mal mehr, mal weniger. Weil einen das Leben auch manchmal ganz schön verunsichern kann. Wir alle sind darin immer „unterwegs": Es gibt Männer, die nach außen wohl eher deinem Ideal von Männlichkeit entsprechen zu scheinen: in sportlicher Statur, Stimme, Muskeln etc., in Wahrheit sich aber wie Kinder verhalten, emotional vollkommen abhängig sind, von ihrer Partnerin, ihren Kindern, der Anerkennung anderer usw.

Wenn du also wirklich „männlich" sein willst, dann suche in dem, was du tust, mit deiner „Inneren Kraft" verbunden zu bleiben. Tue etwas, was seinen Wert in sich hat und auch anderen Menschen nützt. Damit verhinderst du, dass du nur dein Ego aufbläst und neue Abhängigkeiten schaffst. Und du wirst dann das anziehen, was dich zu wahrer innerer Größe heranreifen lässt. Diese Größe hat es nicht nötig, sich vor anderen darzustellen, sondern tut, was getan werden muss" 10)

Holzsäule Kloster (Ausschnitt)

Weiterführende Literatur:

Zu den Anmerkungen:

1) Richard Stiegler, Nach innen lauschen, Inspirationen für die spirituelle Praxis, arbor, Freiburg 2014.

2) Byron Brown, Befreiung vom Inneren Richter, Die Intelligenz der Seele erkennen, Bielefeld 2002.

3) Holger Kalweit, Seelenflüge, Außerkörperliche Reisen in der Dunkeltherapie, Selbstverlag, 2016.

(Kalweit spricht in diesem Buch auch von den Phänomenen, die beim Aufwachen aus dem Schlaf auftreten können. Er interpretiert u.a. „Stimmen" als Reibungen, die auftreten, wenn der Astralleib wieder in den Körper eintritt.)

4) Silvia Ostertag, Einswerden mit sich selbst, Eine Einführung in den Raum initiatischen Erlebens und Erkennens durch meditative Übungen, mvg Verlag, Paperbacks, Landsberg am Lech 1988.

5) Zen-Koans sind Fragen oder Antworten, die sinnlos erscheinen und logisch nicht verstanden werden können. Auf dem Übungsweg gibt der Lehrer dem Schüler ein Koan, damit dieser mit ihm übt, so als müsste er es in

seiner Reflektion und Meditation immer wieder „essen"
und „verdauen", schließlich aber jenseits seines rationalen
Scheiterns eins mit ihm wird und seinen Widerspruch
löst. Beispiele: „Hörst du das Klatschen der einen Hand?"
Oder die Schüler-Frage: „Hat ein Hund die Buddha-
Natur?" Lehrer-Antwort: „Mu."

6) Horst Obleser, Parzival, Ein Initiationsweg und seine
Bedeutung, TB, Königsfurt 2000: Siehe hierin die Bedeutung der „Anima" für Parzivals´ Erkenntnis des Selbst.

7) A.H. Almaas, Essentielle Verwirklichung, Der
diamantene Weg des Herzens, Arbor Verlag, Berkeley
California, 2006.

Derselbe in „Tiefe des Seins", Realisieren Sie ihre wahre
Natur durch die Praxis der Präsenz, Bielefeld 2010.

8) Klaus-Werner Stangier, Schritte ins Freie, Erfahrungen
auf dem initiatischen Weg, Herder, Freiburg i.B.1993.

9) Siehe die Erfahrungen von „Anita Moorjani" in
„Heilung im Licht, Wie ich durch eine Nahtoderfahrung
den Krebs besiegte und neu geboren wurde", Goldmann
TB, München 2015.

10) Die durch die Genderforschung bewirkte
Differenzierung des gesellschaftlichen Bildes von
Geschlechtlichkeit ist zu begrüßen. Sie unterstreicht Wert
und Würde der „Inter und Transsexuellen" und ermöglicht

diesen Menschen den ihnen genauso zustehenden Platz in unserer Gesellschaft. Die Verwischung und Auflösung der tendenziellen Unterschiedlichkeit von Mann und Frau, nicht nur auf seelischer Ebene, sondern sogar bis ins Körperliche hinein, halte ich dagegen für eine ideologische Verirrung. Für mich ist sie nicht nur das bloße Resultat einer alten gesellschaftlichen Rollenzuweisung, sondern eine lebenslange Erfahrungstatsache. Gender nimmt so der Geschlechtlichkeit von Frau und Mann ihre jeweilige wunderbare geschlechtliche Kraft, Schönheit und Würde, ihre Spannung und gegenseitige Ergänzungsbedürftigkeit. Als Beispiele, von denen viele Männer etwas lernen können, sei die vergleichsweise tendenziell stärker ausgeprägte Möglichkeit vieler Frauen genannt, soziale Konflikte mithilfe von Verständnis und Empathie wirklich zu lösen, anstatt durch illusionäre Aggression und Gewalt zu eskalieren. Grundlegend hierfür empfinde ich ihre häufig größere Fähigkeit zu sozialer Präsenz. Bei Männern erkenne ich hingegen meistens eine stärkere räumliche Präsenz, aus der heraus diese ihre Frauen manchmal schützen können.- Die Überwindung (Transformation) dualer Gegensätzlichkeiten ist für mich jedoch allein auf der Ebene der meditativen Versenkung echt. Die dort erfahrende Ganzheitlichkeit mag so ab und zu auch im Alltag durch die jeweilige persönliche geschlechtliche Prägung „hindurchtönen" (personare).

Übergänge

Zeitfracht Medien GmbH
Ferdinand-Jühlke-Straße 7
99095 Erfurt, Deutschland
produktsicherheit@kolibri360.de